易
道

管理

张述任 著

团结出版社

图书在版编目（CIP）数据

易道管理/张述任著. —北京：团结出版社，2007.11

ISBN　978－7－80214－352－4

Ⅰ.易…　　Ⅱ.张…　　Ⅲ.周易—应用—企业管理—研究

Ⅳ.F270

中国版本图书馆 CIP 数据核字（2007）第 161334 号

出　版：团结出版社

　　　　（北京市东城区东皇城根南街 84 号　邮编：100006）

电　话：（010）65133603　65238766　85113874（发行部）

　　　　（010）65228880　65244790（总编室）

　　　　（010）65244792　65126372（编辑部）

网　址：http：//www.tjpress.com

Email：123456@ tjpress.com（出版社）　65228880@ tjpress.com（投稿）

　　　　65133603@ tjpress.com（购书）　65244790@ tjpress.com（投诉）

经　销：全国新华书店

印　刷：三河市东方印刷厂

装　订：恒兴印装有限公司

开本：170×230 毫米　1/16

印张：18

字数：304 千字

印数：6000 册

版次：2008 年 6 月　第一版

印次：2008 年 6 月　第一次印刷

书号：ISBN　978－7－80214－352－4/F·91

定价：29.80 元（平）

　　　（如有印装差错，请与本社联系）

前　言

国学易道禅修

我是谁？我从何处来？我将向何处去？我的价值所在？我的未来？
我将如何获得心能成长？
我的企业将如何获得心能发展？
我们都可以通过国学易道禅修，获得解决这些问题的有益启示。
那么，我们从《问命》、《问名》、《问易》、《问风》、《问生》、《问吃》、《问纵横》、《问道》、《问禅》来修炼。

问命？问命改运，解惑知天。
问名？问名知字，名正言顺。
问易？问易知变，守经达权。
问风？问风知水，风生水起。
问生？问生能养，养生有道。
问吃？问吃为口，为腹非目。
问纵横？问捭能阖，纵横驰骋。
问道？问道明道，明道神通。
问禅？问禅生慧，慧生心能。
我们的命运在问中成长，在改变中前进。
附：述任改命小方法：
从心胃肝胆上改变：
心——少忧虑以养心气
胃——薄滋味以养胃气
肝——诫发怒以养肝气
胆——多读书以养胆气
从志骨锐和上改变：
志——莫怠懈以养志气
骨——傲冰霜以养骨气
锐——应谦恭以养锐气

和——当忍让以养和气

从元神正浩上改变：

元——顺时令以养元气

神——惟谨慎以养神气

正——胸豁达以养正气

浩——须慷慨以养浩气

让我们问禅人生、解惑人生、明道人生、禅悟人生。

让我们问禅精进，获得心能，随心所愿，福报无疆！

让我们以正治国，以奇出兵，以《易道管理》达天下！

易道禅思想，天地人智慧！

让我们和己、和人、和天、和地、和万物！

张 述 任

2007年9月23日于北京名人轩

易道管理

序：易道含英吐葩，名德雅号流芳

——唐明邦

捧诵《离骚》，屈原吟道："皇览揆余祁度兮，肇锡余以嘉名"，译成白话："父亲仔细端详我的生辰，于是赐给我相应的美名。"欲得嘉名，自古已然。美好的名号，赋有双重内涵：一是寄托祝福与期望，盼一生平安，幸福吉祥，身强志坚，成为社会栋梁；二是表明崇高理想，努力进取，自立自强，崇德广业，为国争光。美好的名号，无异人生座右铭，长鸣警钟，催人奋进。述任常说："好名相伴一生，好名伴君天下行"，诚警语也。

如今，不止个人追求美好的名号，企业、集团、名牌产品，大至汽车轮船、家用电器，小至熊猫、宠物，饮料、玩具，莫不竭尽全力追求名牌效应。企业、集团之雅号，巨细品物之名牌，意味信誉承诺，蕴涵无形资产。追求名牌，既成时尚，策划名牌，急需名家。前所未闻的取名策划行业，应运而生，肇自通都，遍及城镇，方兴未艾。

张述任先生，起自通化，移驾北京，创设名人轩，撰著《取名策划》，先为名牌设计专家。此人博览群书，酷爱书法艺术，身居京华闹市，心似闲云野鹤，不为名利缰索羁绊，摆脱官场应酬烦恼，一杯茶，一枝笔，一架书，名人轩中逍遥自在，谈笑有雅士，往来多嘉宾，平时书不离手，茶不离口，闲与二三知交谈诗论画，时同易坛好友鱼雁道书。有人称许他：智若银狐之机灵，胸似平湖之澄澈。"白发"渔樵江渚上，惯看秋月春风；多少名牌雅号，出自笑谈中。不是神仙，胜似神仙超逸，未入禅关，先得几分禅意，独创禅意书法，闻名遐迩。董子云："名，则圣人所发天意"，邵康节颇有同感。余嘉述任之行，有如康节之洒脱，特录康节诗一首相赠：

尧夫非是爱吟诗，诗是尧夫可爱时。

已着意时仍着意，未加辞处与加辞。

物皆有理我何者？天且不言人代之。

代了天工无限说，尧夫非是爱吟诗。

唐明邦

4月8日

易道管理

敬賜芳名堪傳世
端正雅號可通靈
唐明邦

敬賜芳名堪传世，端正雅号可通灵——唐明邦题

易理玄機參千古
堪輿恩光耀八荒
戊寅年仲秋安陽亢亮

易理玄机参千古，堪舆恩光耀八方——亢亮题

目　录

目

录

第一章　易道思维

易道思维是太极思维、阴阳思维、五行思维、八卦思维、无极思维的综合思维。

易为《易经》，讲周期和路经；

道为《道德经》讲原则、方向和对策。

易道思维即天人合一，双剑合璧。

《易经》是一部辩证哲学的经典。

《易经》最基本的辩证法是阴阳易变法。它用易道变化来说明宇宙万物的一切变化，并把一切自然的、社会的现象纳入到阴阳变化序列之中去加以辩证说明，如同现代哲学所说一切事物皆有正反两方面。

《易经》又是一部道德典范。它告诫我们要把握人生立身处世之本。

用于启智、寻道、探求人与自然和宇宙相统一的途径。

这种思维所产生的思想为历代统治者、领导者、管理者提供了不尽的管理思想、管理原则、管理方式和方法。其是现代管理思想的本源。

现代管理思想既注重人的各种欲望的研究、激励和管理，又重视人际的相互协调和"仁义"管理；既强调管理者对管理对象的"管束"、"约束"管理，又强调管理者自身管理，即自修明德、自我修养、自我提高；既注重"法制"，又重视"无为而治"，这就是易道管理。

东西方的管理智慧已融合为一体，形成现代的易道管理理论，用于生产、经营、服务等领域的各个方面。

《易经》有三易：不易、变易、简易。

"三易"用在生产经营管理方面，就是科学性管理的具体体现。

大凡受欢迎的产品，无非是安全可靠、性能先进、外观漂亮大方、舒适、经济、耐用。这体现了经营中的不易原则。

产品力争上游，变化革新，精益求精，质量上乘，价格合理，这体现了经营中取胜的变易措施。

产品宣传时要介绍使用和操作的简易方法，才能有效地扩大其影响，这体现了服务客户的简易之理。

《易经》思维告诫管理者要有生生不息的进取精神，不满足于现状，不沉溺于享乐逸志之中，时刻想到自己的不足，想到自己的短处，不断有所创造，不断有所前进，这与现代的创新管理异曲同工。

老子《道德经》中最基本的概念是"道"。

"道"是对世界上的事物的一种高度的抽象和概括。

在不同的地方出现表示不同的含义。

其一，道是对物质性的客观存在的反映，说明了世界的本源。

"有物混成，先天地生。" "道之为物，惟恍惟惚。惚兮恍兮，其中有象，恍兮惚兮其中有物。"

其二，道是有规律地永恒运动的。它"独立而不改，周行而不殆"。

其三，道是可以认识，但对它的认识永远不会尽头。"道可道，非常道。"

其四，道是指人类生活的准则和规范。它说："天下有道，却走马以粪；天下无道，戎马生于郊。"

说到道就要联系到德。

道体现到物质世界的具体事物上，作用于社会人生，便可称为"德"。

德是道的作用和显现。道和德的作用是合二为一的。

老子说："道常无为而无不为"，"弱者道之用"。

"道"营造了宜于万物生长的环境，万物各自顺着适应环境而形成的天性自然生长，"道"从不去干涉它束缚它，不替万物做主宰，"生而不有，为而不恃，长而不宰"这可谓是"为无为"。

"道"无形无声，无贵尚之迹而不见可欲，为出于无为，可谓柔弱之至。广慈博爱，不仁于一物，无以私意为之。

任万物自生自成，自作自息，而万物却各适其所用，各得其所。

不为而能成全万物，可谓"无为而无不为"。

《易经》和《道德经》给我们的启示是永恒的。

第一节　太极思维

太极是宇宙一元的两面，阳中有阴，阴中有阳，相互渗透，相互作用，相互转化，生生不息。以整体而言有天地，以具体而言有真伪、善恶、有无、奇偶、虚实、方圆、生死、昼夜、男女、刚柔、贵贱、爱恨、内外、乐悲等均是一元派生的两面，是阴阳转化的结果。两面相互转化而形成一个过程的整体就是太极。

因此对于现代管理者而言，应具有辩证思维能力及系统论的思维方式。现代管理者所面对的客观物质世界较之《周易》时代要复杂得多。管理实践对象的整体性、复杂性、深刻性，必然要求思维方式发生相应的变化。现代管理者要善于对管理的客体系统做整体分析，力求从总体的高度、动态的角度去审视、观察、认识、分析管理对象的特点及变化规律。要有无比灵活和畅通的信息来源渠道，能够善于因时、因地、因条件进行管理。

太极思维给我们的启示是：

管理者和被管理者相辅相成，对立统一即产生运动，科学地分析太极圈中阴阳的容忍、包含、融合、进退现象，启示我们既要追求管理中赢得利润的目标，又要注重人的本能、欲望、自尊感和价值观；既要实施刚健管理（即制度、法制、规章等管理），又要注重柔顺管理（即感情、人格、激励、激发、弹性管理）；既要通过激励而使劳动者的积极性发挥出来，又要通过制度的规范，把这种积极性限制在合理的界限内。要通过管理，使管理者和被管理者和悦相对，达到"致和"境界，符合和谐社会的指导思想。

太极逻辑结构图

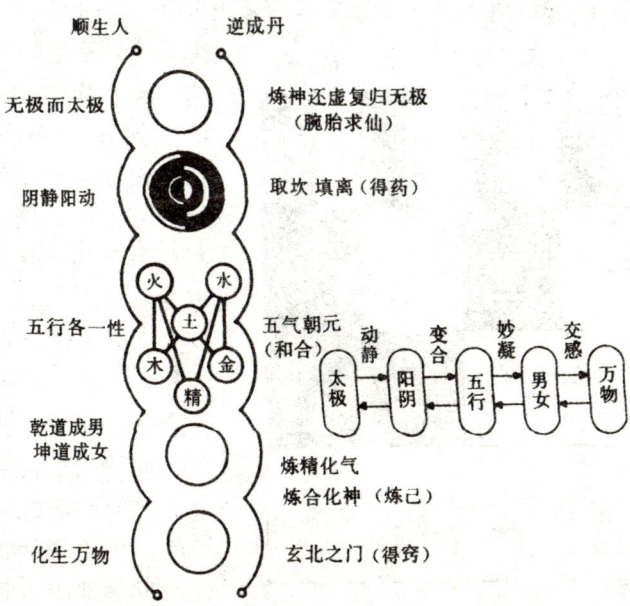

第一章 易道思维

管理者首先需要设置一个在现有各种可以利用的条件下能够实现的最大目标和最优目标，并且还应是最合理的目标。

什么样的管理目标是最佳目标？

对于现代管理而言，太极思维对现代管理目标的启示：

1. 依据太极思维的动态的法则，要建立一个动态的管理系统。

2. 依据太极思维的生克制化法则，要建立一个自我调节的管理系统，使管理机构、管理组织处在一个不断自我调节，能够正常运转的状态中。

3. 依据太极思维的和谐法则，要建立一个平衡而又相对稳定的管理系统使一切管理行为都趋向于合理性、适度性，并达到管理的各要素、各方面、各环节的和谐状态。

从而使管理系统有效运转，管理要素综合利用，管理层有力配合，群体合力并充分发挥作用，组织机构的管理行之有效等等。

第二节　阴阳思维

阴阳思维是太极思维的延伸和具体化。万物的联系是对立统一的联系，因为万物都具有阴阳的性质，即天与地、日与月、水与火、昼与夜、明与暗、寒与暑、静与动、表与里、上与下、左与右、前与后、生与死等无不体现着阴阳的性质，又无不发生着普遍的联系。整个世界就是由这样无数个联系着又矛盾着的事物的相互作用的现象所构成的。阴阳关系不仅普遍存在，包容万千。而且阴阳这两种势力的此消彼长，相互制约，互相转化，必然推动事物的变化、运动和发展。

阴阳思维偏重于对阴阳的相互依存、相互联结、相互合作、相反相成、相互转化，即特别重视对事物的平衡和调节的研究，是独具特色的。用于现代管理中即充分激发管理与被管理者的积

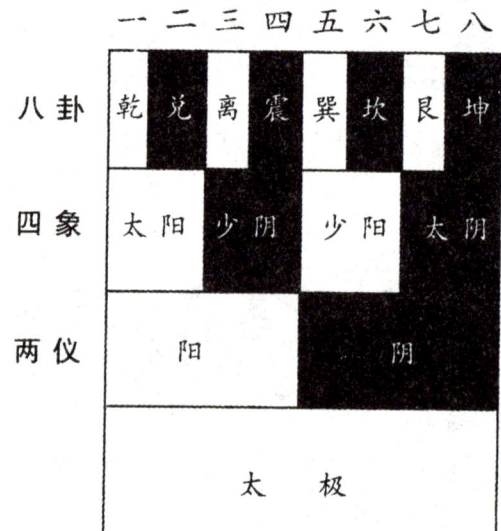

极性，使双方都能在管理过程中实现自己的价值，片面强调管理者权威至上或忽略被管理者积极性的做法都是无效的管理。

第三节　五行思维

《易经》的金、木、水、火、土五行之间存在着相生相克、生克制化的规律。

事物生中有克、克中有生、相反相成、相互为用的关系，推动和维持事物正常生长发展与变化。

五行相克　　　　　　　　　　　　五行相生

1. 五行思维力求证明万物的内部都具有一定的结构并企图从结构关系的总体及其与外部环境的联系上研究事物，五行作为一种方法论，试图把所有对象都当做整体来看待。

2. 五行结构具有保持动态平衡的能力。

因此在管理上对于人、财、物、信息和时空五种基本要素要综合考虑，合理配置，有效利用，达到最佳效率。

管理通常分为五种基本职能：指挥、计划、组织、人事、监督。发挥各部门的作用，提高工作效率，形成一个高效的管理机构。

利用现有的五种基本管理方法：行政方法、经济方法、法律方法、思想教育方法、数理方法等进行全方位的管理。

易道管理

第四节　八卦思维

八卦思维直接源于太极。太极生两仪，两仪生四象，四象演八卦，八卦再具体为六十四卦（乾、坤、屯、蒙、需、讼、师、比、小畜、履、泰、否、同人、大有、谦、豫、随、蛊、临、观、噬嗑、贲、剥、复、无妄、大畜、颐、夬、姤、大过、坎、离、咸、恒、遁、大壮、晋、明夷、家人、睽、蹇、解、损、益、萃、升、困、井、革、鼎、震、艮、渐、归妹、丰、旅、巽、兑、涣、节、中孚、小过、既济、未济）。八卦思维也是太极思维的具体化和多极化。

乾卦：象征天，坤卦象征地；有天地，然后有万物。

屯卦：屯是充满，万物创始的意思。万物刚创始时，必然蒙昧。

蒙卦：蒙是蒙昧、幼稚的意思。所以需要养育。

需卦：需是饮食的道理。饮食必然起纷争。

讼卦：争讼必然成群结队而来，出现师卦。

师卦：师是众多的意思，众多必然相互亲近，出现比卦。

比卦：比是亲近的意思，亲爱互助，有积蓄，出现小畜卦。

小蓄卦：物资有了积蓄，然后出现礼仪制，出现履卦。

履卦：履与礼音义相同，有了礼仪，就会安泰，出现泰卦。

泰卦：泰是通畅的意思。万物不可能始终通畅，出现否卦。

否卦：否是坏、阻塞的意思，万物不可能始终阻塞，出现同人卦。

同人卦：能够与人和谐相处，万物必然来归顺，出现大有卦。

大有卦：有大事业的人，不可以自满，出现谦卦。

谦卦：有大事业而且谦逊的人，就不会过与不及，必然安乐，出现豫卦。

豫卦：沉溺于安乐，必然发生事端，出现蛊卦。

蛊卦：蛊（gǔ迷惑、毒害）是腐败发生事端的意思。发生事端，然后始创造大事业。

临卦：临是君临，以大统治小，大了之后就具备了观摩的条件，出现观卦。

观卦：具备观摩条件，就会使人仰慕，然后合同，出现噬嗑卦。

噬嗑卦：嗑（kè）是合的意思。万物不可苟且的合同，出现贲卦。

贲卦：贲是文饰的意思。过分文饰，失去真实，产生弊端，亨通就到了尽头，出现剥卦。

剥卦：剥就是剥落的意思。剥落到了极点又由上返回到下，所以出现复卦。

复卦：重新回复到真实，就不会虚妄，出现无妄卦。

无妄卦：有了不虚妄的觉悟，然后就可以大量积蓄出现大畜卦。

大畜卦：物资蓄积以后，就可以养育，出现颐卦。

颐卦：颐是养的意思，不养育就不能行动，养育过度，出现大过卦。

大过卦：万物不可以始终过度，所以出现坎卦。

坎卦：坎是陷的意思。物陷落，必然就要攀附，出现离卦。

离卦：离是丽，亦即附丽、攀附的意思。

咸卦：咸是全、都的意思。夫妻关系不可以不长久，出现恒卦。

恒卦：恒是久的意思，但万物不可能保持原状，不发生变化，所以接着是遁卦。

遁卦：遁（dùn）是逃避，退避的意思。万物不可以始终退避，出现大壮卦。

大壮卦：大壮即大的兴盛，壮大的意思。但万物不可以始终壮大，出现晋卦。

晋卦：晋是前进的意思。但前进必然会受到伤害，出现明夷卦。

明夷卦：夷即痍，创伤的意思。在外面受到创伤，必然返回家中，出

现家人卦。

家人卦：当人走到穷途末路时，行为必然会发生乖违现象，出现睽卦。

睽卦：睽（kuí隔开、分离）是乖违的意思。乖违必然会有灾难，出现蹇卦。

蹇卦：蹇（jiǎn不顺利）是灾难的意思。万物不可以始终有灾难，出现解卦。

解卦：解是解除、缓和的意思。缓和必然有损失，出现损卦。

损卦：不停的损失，物极必返，就会有增益，出现益卦。

益卦：不停的损失，必然会决溃，出现夬卦。

夬卦：夬（jué）是溃决的意思。溃决之后，必然会有遭遇出现姤卦。

姤卦：姤（gòu善、美好）即逅、邂逅，不期而遇的意思。万物相遇之后，就会聚集，出现萃卦。

萃卦：萃（cuì）是丛生、聚集的意思。聚集就会逐渐升高，出现升卦。

升卦：不停的上升，必然就会遭遇进退不得的困境，出现困卦。

困卦：遭遇上升的困难，必然返回下方，出现井卦。

井卦：井的使用，不经常淘清就会浑浊，需要革新，出现革卦。

革卦：使物革新，莫过于鼎，鼎可以完全改变食物的风味，出现鼎卦。

鼎卦：鼎是祭器，祭祀祖先是长子的责任，出现震卦。

震卦：震是动的意思，万物不可以始终在动，必然使其止息，出现艮卦。

艮卦：艮（gèn代表山）是止的意思。万物不可以始终止息，渐渐的积蓄渐卦。

渐卦：渐渐的积蓄，再现归妹卦。

归妹卦：得到良好的归宿，必然强大，再现丰卦。

丰卦：丰是盛大的意思。盛大到极点，必然不安于原来位置，出现旅卦。

旅卦：旅行找不到容身的地方，就要设法进入，再现巽卦。

巽卦：巽（xùn代表风）是进入的意思。进入之后，就会喜悦，再现兑卦。

兑卦：兑是喜悦的意思。喜悦就会使人的闷气涣散，再现涣卦。

涣卦：涣是离散的意思。万物不可以始终离散，再现节卦。

节卦：节制就能使人相信，出现中孚卦。

中孚卦：孚即信。有信用的人，必然能够实行，出现小过卦。

小过卦：过即超越。能够超越常情，才足以成大事，出现既济卦。

既济卦：以成大事，万物不可以有穷尽，接着出现未济卦。

未济卦：万物不可以有穷尽。

《上经》三十卦是从天道开始，讲到了事物变化、发展的基本法则。

《下经》三十四卦是从人道开始讲述的，是人伦的变迁、发展的基本法则，整个六十四卦的演绎过程显明地表示了如下观点：

1. 一切事物都具有特定的关系和特定的组成结构，每一种事物都有自己的发展过程。

2. 每一卦象本身都是整体性结构，必须从整体上去理解，才能抓住其实质。

3. 任何事物的属性都是由其组成的各个要素的相互联系的相互作用所决定的。

4. 当一个事物发展到极点时，则必然返初，又开始新一轮的运动过程，即物极必返。

5. 每一个事物的存在和发展都处在一定的时空之间表现和发展自己。因此凡是产生出来的东西，都注定要逐渐被新的东西代替的。

6. 六十四卦的整体目的在于寻找维持系统平衡与稳定的方法。特别强调了以平缓、谐和的方式解决问题，使阴阳双方达到协调而统一，以相互调节维护整体平衡的思想。

7. 六十四卦还表明了要将进退、存亡、得失等各种对立的两极结合起来，行中正之道，即不偏向某一端，使事物永远保持无过不及的状态，这是成就事业而立于不败之地的基本保证。

《易经》理论给了中国人极大的影响，成为几千年来的思维定式，启发人们去寻求自然界和人类社会所共同遵守的普遍规律，指导人们的思维向定性、宏观的方向发展。

1. 一阴一阳的相反相生，运转不息，为宇宙万事万物盛衰存亡的根本，谓之道。

2. 圣明之人，探求繁杂的物象，索求幽隐的事理，使人获致远的前途。

3. 圣德之人，赴善就福，是永德也。

4. 日月的道理，以正而光明。公正无私，端正专一，精诚无欲，才能成功。

5. 合乎事理的治理，表现为民众的从善如流。

6. 圣明之主，居安思危，扶安思危。

7. 才力不足以任重之事，否则，事败。

8. 通达应变自如者，可成就事业。

9. 修德养身，诚信待人，不偏不极，则可成功。

10. 谦虚待人，则得他人敬仰，德业自然更加尊贵而光明。

11. 人们在正道行为中，出入进退，内外往来，都要合乎法度。

12. 宇宙天地间一切事物，生生不息，变化前进不已。变化莫测之中寻求出路及发展为人生之大德。

13. 易理能包括统贯天地间一切的道理。

14. 对于易理在当今科技迅速发展的今天，以辩证法及进化论为依据，我们应吸取其精华，剔除其糟粕，指导我们的人生及事业。

第五节　无极思维

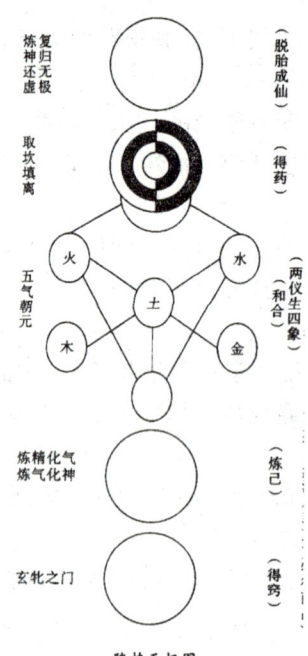

复归无极
炼神还虚
（脱胎成仙）

取坎填离
（得药）

火　水
五气朝元　土
（两仪生四象）
（和合）
木　金

炼精化气
炼气化神
（炼己）

玄牝之门
（得窍）

陈抟无极图

《道德经》曰：道生一，一生二，二生三，三生万物，我们称之为无极法则。无极法则加上全息思维，构成无极思维，这是一种立体交叉的思维，符合当前瞬息万变的时代。

因为宇宙中充满各种时间信息、空间信息、物质信息、精神信息、能量信息、运动信息，面对容量猛增的信息量，运用无极思维，达到一种最高明的管理，既《周易》的"易，无思也，无为也，寂然不动，感而遂通天下之故"。这是管理的最高境界，不拘泥于传统，不拘泥于模式，达到无为而治，不战而胜。

易道思维是太极思维、阴阳思维、五行思维、八卦思维、无极思维的综合思维。易为《易经》，讲周期和路径；道为《道德经》讲原则、方向和对策。易道思维即天人合一，双剑合璧，无往不利。

第二章 易道原理

易道原理，也称易道。即易经原理和道德经原理。

易之理，道之理，及穷宇宙之本源、万物之始终、社会之进化、人类之谋事的根本法则。易道之理，也是天道、地道、人道、事道生生不息变动之理。

《易经》、《道德经》的原理就是和谐的思想。

《易经》认为，阴阳协调，刚柔相济，不可或缺，分不出孰优孰劣，孰善孰恶，它们的融洽和谐才是可取的。

易道和谐论有两个原则：

1. 有机平衡原则

坚持平衡原则，需要人们在事物的变化运动中去认识事物平衡的机制、平衡的转换条件和平衡态势形成的根据，以促进事物走向平衡。当事物出现了新的变化和新的发展态势时，就要不失时机地去促进新的平衡。

2. 有效协调原则

协调的目的，就是使事物出现良好的平衡态，实现事物自我发展的最大利益和最大效益。

易道讲和谐，实为一种理想的管理形态，也是现代管理者追求的最佳管理形态。

和谐是阴阳相通、相应、相济、相和、相睦。

和谐是矛盾相融合、相调和、相统一、相一致，而达到平衡。

怎样才能达到和谐呢？

《道德经》说："道常无为而无不为；侯王若能守之，万物将自化。"无为不等于毫无作为，而是通过自觉的顺其自然的行为去促使管理系统的自我调节，使管理系统与系统之间、系统的诸构成要素之间达到均衡，即将自己的行为限定在合理的限度内，既不过及又不及的程度内，稳定与均衡是易道和谐论的主要目标之一。

易道和谐论追求的另一目标是科学的协调活动，协调主要是指有组织的社会或群体的协调行为。可以使各种资源在使用中发挥出更大的潜能。

当越来越复杂的社会环境不断地以人们难以预料的速度来显示自己的力量的时候，只要自己不想灭亡或不想被淘汰，只要自己还想赢得一定的生存条件和优势，就不得不注重调节自己，就不得不创造一个和谐而平衡的环境，使自己达到优化，达到易道和谐。

第一节 《易经》原理

一、阴阳之理

"一阴一阳之谓道"。万事万物无不阳中有阴，阴中有阳。古人云：太极生两仪，两仪生四象，四象生八卦，八卦演万物，万物生生不息而变化无穷。一阴一阳的相反相成，运转不息，为宇宙万事万物盛衰存亡的根本，这就是道。

因此，太极为一，阴阳为二，万事万物变不离其阴阳。万物负阴而抱阳，冲气以为和，由简化繁，由小变大，有理有序，有章有法，有根有据，莫不由阴阳所定。

二、不易简易变易之理

简易之理

易则易知，简则易从。就是说容易则易于知解。简易则容易遵从。控究寻找恰当的、适宜的、方便的正确方法，是一切科学的真谛，是一切科学精神的精髓，也是把握事物法则的根本道路。所以寻求正确的方法，是为事之根本，亦是正名之理。

变易之理

变易是宇宙的根本精神，是生生不息之理。

变易之理，反映了事物变化的下列特征：①事物发展生生不息；②世界在变化和运动中具有时间的延续性；③事物是新陈代谢的。

变易之理反映了事物永恒发展和不断进取的特征。

不易之理

不易之理所表明的是，不论事物如何千变万化、生生不息、新陈代谢，但事物内在本质及规律则是永恒存在的。因此，不易之理要求人们具有自强不息，健而恒久的精神，也即是不断创新，不断发展的精神。这种精神是揭示天道自然法则、社会人伦法则的理性保证。

易道管理

三、系统之理

属卦象象意之理。

整个《易理》八卦，演化成六十四卦的先后程序；以其事象、物象的组合与卦理的序列，到所论及的宇宙观、人生观等，无不充满系统之理。

系统之理是至明之理，它所包含的精义，即：巧妙组合，合理排列，上下相应，彼相沟通，左右融合，无瑕无隙，整分有序，协调统筹等都带有永恒的意义。

四、中正之理

中正理所表明的是一条"中和、中正"的道理。依中正之理办事，才能给人以和谐的美感，只有居中，才可以四通八达；只要凡事勿过勿不及，就是"适中"、"居中"、"得中道"；深得中道的人，才能事业发达，诸事如愿。

五、天人合一之理

"天人合一"之理表明，宇宙、天地、自然与人类社会处在一种互相联系，互相依傍的关系之中。

六、力行之理

力行是易道的本原，是太极思维所倡导的主要精神之一。天道地道的运行是永恒不休的，人们应该效法天道、地道法则，刚毅坚强，不断求索，不断创新，不断进取，要有"至诚不息，不息则久"的精神。

力行的本质是为从人生命、生活、生存、兴盛而工作。此道是天道，也是行仁之道。

七、民本之理

民本之理，也可称民为邦本之理。

民本之理强调，为政者要以民为本，一世以民愿为依归，要亲民、利民、保民、养民、教民。

八、事为之理

事为即是事在人为。

易
道
管
理

九、仁义之理

仁义之理也是尽人性之理。

仁是心之德，爱之理；义是心之制，事之适。人类只有实行仁爱，才能创造和谐、维系和谐，发展和完美和谐。和谐是天地音所需求的。

十、人治之理

"人为"者，非"大人、圣人"不足以领导全民；非君子不足以服务人群。

人治之理的基本要意是，为政者需要与民有共同的愿望和理想；同时也要具备相应的品德才能。这样才能达到"同声相应，同气相求"。

十一、治术之理

治术之理正如系辞说的："鼓天下之动者存乎辞，化而裁之存乎变，推而行之存乎通，神而明之存乎其人，默而成之，不言而信，存乎德行。"

十二、元、亨、利、贞之理

元之理

在事理上，以元为起点，有步骤、有顺序、有计划、有准则的意义。

亨之理

亨为通，为顺，为奉献，为安，为吉，为和谐，为团结。

利之理

利之意是指造福于人类社会的公利，是为众人谋利。

利为宜、顺、益；如利之于事，则有敏捷、果断之意。

贞之理

贞之意可为中正、坚定、固定、信义。

十三、德治之理

德治之理，就是介导人与人之间，上下左右之间要讲礼义。其身正，不令则行；其身不正，虽令不从；应正德善俗，进以正，行之端，方能通达成功。

十四、法彰之理

法彰之理，主要强调的是君子要使人民明法、懂法、守法、遵法。

十五、人居中位之理

人居中位之理表明，既然人是宇宙精灵，又处在天地之间的中心地位，那么，人是世间最可宝贵的因素。在人道与事理之间，顺人的发展与环境之间，在天、地、人之间，要重点抓好人的工作。要顺天之理，循地之命，按着人的特点、需求、欲望去推动、启动、开发人智。把做人的工作放在一切工作之首位。尽人之性，尽情之理，尽道之明去把握人间的规律。这样才能顺天道，合地理，符民情，达到预定的目的。

十六、《易经》原理金口诀

阴阳不易简易变易；
系统中正天人合一；
力行民本事为仁义；
人治治术元亨贞利；
德治法彰中位人居。

第二节　　《道德经》原理

一、道法自然

出自《道德经》：人法地，地法天，天法道，道法自然。也就是说：人以地为法则，地以天为法则，天以道为法则，道以自然为法则。这是人、天、地、道、自然合一的观点，是中国最早的系统论。其是指管理过程中全方位、全过程的思考方式，不仅考虑内部，还要考虑与之相关的条件、环境和文化。无论是一个国家，还是一个集团或是一个公司，都必须有时间、空间的立体思维，任何事物都是相互联系的，都处在一个动态的发展变化之中。如何做到合理地利用物资资源、文化资源、地域资源，对中国创意经济由产生、培植、壮大给予支持，相信我们的文化经济一定会蓬勃发展的。

好多人不理解道，认为我们也看不见，听不见，触摸不到，那么道究竟是不是真正存在呢？

答案是确定的，道就存在于万物之中，有形象，有物质，有精细，是客观存在、是真实可信的。

可是人们听到道的反应却不一样：

上士闻道，勤而行之；中士闻道，若存若亡；下士闻道，大笑之，不笑不足以为道。

上士学道，勤学并付诸实践；中士学道，将信将疑；下士学道，大声嘲笑。为什么会这样呢？因为道是深奥的，富有哲理的，否则就不是道了。

我们常常以自己看得见、看不见来判断有用还是无用，所以常常会出现一张白纸上人们只看到一个黑点，而看不到周围白纸的作用。

二、上德无为

什么是真德？上德不德，是以有德；下德不失德，是以无德。

上德无为而无以为；下德无为而有以为。

有真德的人，从不表现外在形式的德，顺其自然，从没有人为的做作，所以是真正有德的人；而守着德的形式，做表面文章的人，故意做作，是虚伪无德的人。

所以，凡有上德的人，好像河谷，从不显高大；广施德政的人，总好像德不足；建立德政的人，从不显其功劳；所以看人看事物应看本质，有一双慧眼，才能透过表面，看清世界的本来面目。

三、生养成藏

道生之，德畜之，物形之，势成之。

道生万物，德育万物，使万物得到生长，得到培育，得到养成，得到结果，得到保护。良好的外部环境有利于万物的成长，有利于新生事物的发展。

为什么老子那么重视道呢？因为道具有生殖性，绵绵若存，用之不勤。谁能激发了道的生殖性，那么它的作用无穷无尽。

四、上善若水

1.上善若水，水利万物而不争。

水滋润万物使之生长，却不与万物争秋收的功劳。所以我们要学习水的品格，不居功，不自傲，利于社会，利于百姓。

2.居善地，心善渊，与善仁，言善信，正善治，事善能，动善能，动善时。

我们要想有所作为，就要处于行善的地方，心胸要像大海一样宽广，

做到心中充满阳光，爱人利物，做事讲究诚信，以正治理一方，发挥自己的所长，把握时机，与时俱进，为国家的发展与腾飞做出自己的贡献。

除了战略上要善筹，还要会战术上的善行：善于行走，不留痕迹；善于言谈，不留弊端；善于计数，不用工具；善于关闭，无钥匙打不开；善于连接，不知道绳结解不开。

五、阴阳相和

万物负阴而抱阳，充气以为和。

万物在发展过程中，无不是背阴而向阳，促使阴阳两方面相互激荡，从而产生新的和谐体。万事万物都有阴阳两方面，而这两方面对事物的发展的作用是不同的，正确地看待阴阳两方面在事物发展中的作用，能够使我们客观公正地评价我们的文化创意事业。

弱之胜强，柔之胜刚，这个道理谁都明白，但却不是人人都能做得到的。虽然我们的事业现在弱小，处于发展阶段，但谁能保证，没有那么一天，我们会成为创意文化事业的大国，居世界之林。

六、物极必返

祸兮，福之所倚；福兮，祸之所伏。

当我们处于逆境时，要学会看到前进的曙光；顺境时，要看到规避风险。只有这样，我们才能无论任何时间、空间，都立于不败之地。

七、知雄守雌

清静为天下正。在世间浮躁和狂热时，我们如能保持一份清静，守卫我们的本心，才能认真地从事我们所热爱的事业。

因此，我们要创业就要知其雄，守其雌，为天下溪；知其白，守其黑，为天下式。知其荣，守其辱，为天下谷。唯有守真，质朴，才能做到心明眼亮，不为外界所迷惑。

所以我们应该明白三去：去甚，去奢，去太。也就是去极端，去奢侈，去过分。

八、五毒心乱

五色：指青赤黄白黑；五音：指宫商角徵羽；五味：指酸咸苦辣甜。

我们的眼耳鼻舌身等感官除每天都受到来自外界的五色、五音、五味等迷惑，还有房子、车子、票子（股票）、网络等新世界不断涌现的新产

第二章　易道原理

品吸引。每个人如何管好个人，管理者如何适应新情况下的管理，只有不断学习，排除干扰，才能在经济发展的快车道上，或成为动力十足的火车头，或成为一节看似普通但质量上乘的车厢，为经济的发展，为文化的腾飞运智送慧，共同走向美好的明天。

金银财宝再多，没有德也是守不住的。想一想名利与生命相比，哪一个更重要呢？

所以正确地看待金银财宝及名利等身外之物，不要让这些吞食了自己的生命，做到知足者富。

九、致虚守静

致虚极：就是彻底排除一切物欲和情欲，达到虚无纯朴的极致境界。

守静笃：就是彻底排除一切干扰和内心烦躁，达到沉静如水的幽静深厚境界。

十、知常乃明

知常乃明，不知常，妄作凶。

常：指事物发展过程中的客观规律。无论生活还是工作，只有按照客观规律办事，我们才能做到公平公正，才能有计划、有组织地做事，做到事半功倍；不按客观规律办事，往往事倍功半，不仅害自己，还有可能使整个公司、集团、邦国受到不利的影响。

十一、齐家治国

如何才能将自己所学变成有所为呢？在这个竞争的时代里，人人都是大学生，人人都是研究生，如何实现自己的价值，根本就是修养自己的心性，做到守经达权，真正做到"修之于身，其德乃真；修之于家，其德乃余；修之于乡，其德乃长；修之于国，其德乃丰；修之于天下，其德乃普"。

要想齐家治国，就要顺天意，顺民意，达到天时、地利、人和，天人合一，真正做到治人事天，莫若啬。达到治大国，若烹小鲜一样容易了。

十二、功遂身退

功遂身退，是说一个人功成名就后急流勇退，这也是一种勇敢，相信自己，相信别人。我们国家的领导人邓小平、江泽民主席都为我们做出了很好的榜样。

十三、身为众先

天地之所以长久，是因为天从不与其他万物争功，圣人之所以留名青史，是因为圣人有了荣誉让给群众，有了危险留给自己，所以他们的名字与天地一样长久。

作为一个管理者，更要明白老子所讲的天地无私的道理，只有这样，才能造就成功的人格魄力，领导部下，完成既定目标，达到理想的彼岸。

十四、玄德之门

万物莫不尊道而贵德。道之尊，德之贵，夫莫之命而常自然。

万物没有不尊崇道并宝贵德。道之所以受到尊崇，德之所以受到宝贵，就是因为道听任万物顺其自然发展。

十五、无为而治

老子认为道常无为，而无不为。

无为而治：并非什么也不管，什么也不问，而是顺乎自然而为，顺乎民意而为，不主观，不武断，达到以人为本的和谐治理。这是管理的最高境界。了解了道，就没有什么事做不了的了，没有什么不可管理的了。

十六、《道德经》原理金口诀

老子道德法自然，
生养成藏善为先，
阴阳相和极必返，
知雄守雌天下范，
五毒心乱难守静，
知常乃明齐家园，
功遂身退众人先，
玄德之门无为源。

第二章　易道原理

第三章　易道管理

第一节　易道管理

我们先知道易道。易：容易；道：道路，方法。

易道：容易的方法。

追根溯源：易为《易经》的易，含义包括三种：简易、变易和不易。现在又延伸到交易。

道：是《道德经》的道，道可道，非常道；名可名，非常名。一阴一阳之谓道。道生一，一生二，二生三，三生万物。

孙子兵法中说：道令民与上下同意也，可以与之死，可以与之生，而不畏危。综合起来说：我们用简易、变易和不易之理去阐释大道至简、大音希声的过程。

易道管理是太极管理、阴阳管理、五行管理、八卦管理、无极管理的综合管理。

易为《易经》，讲周期和路经；

道为《道德经》，讲原则、方向和对策。易道思维即天人合一，双剑合璧，无往不利。

那么现在的易道管理，就是在企业管理中的应用：

1. 易道管理应用（木火土金水）

如，企业易道管理理论应用（木火土金水）：

品牌象征一棵大树（木）；

企业文化象征一轮太阳（火）；

环境资源人才象征大地明山（土）

市场营销象征树上的果实（金）；

核心竞争力思想象征秀水（水）。

易道管理最重要的就是简易、变易和不易之理。

不易：做任何行业，都要遵守国家的法律法规，依法经营，这是最基本的。

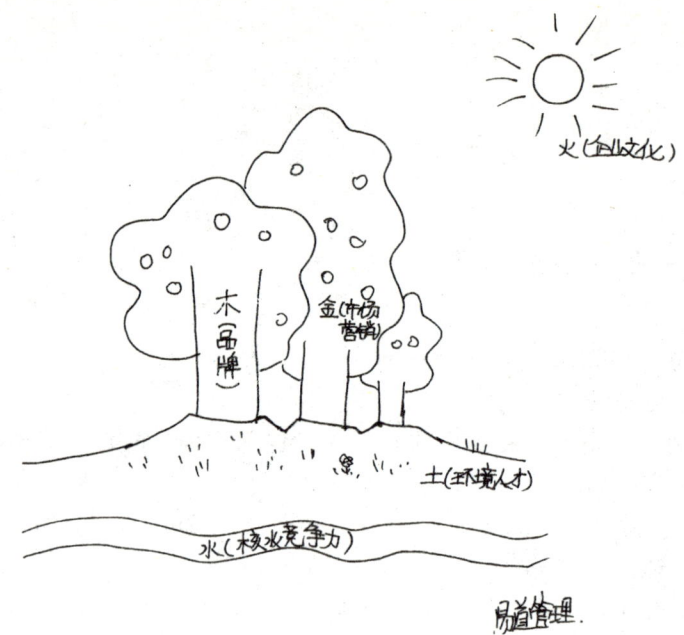

简易：凡是复杂之事，要求简求易，找到恰当的方法，为之简易。

变易：变易之理是生生不息之理，更是创新之理。

2. 易道管理五变的应用（木火土金水）

我们国家提倡建设一个创新型的国家，社会提倡建设一个创新型的社会，企业更提倡建设一个创新型的企业。那么创新是我们社会的主流，我们要在这个与时俱进的时代会变五变：

易道管理之五变：

一变"变无形为有形" （无中生有） （木）；

二变"变文化为经济" （心满意足） （火）；

三变"变物境为心境" （得意忘形） （土）；

四变"变资源为资本" （利达天下） （金）；

五变"变形式为意味" （道法自然） （水）。

3. 易道管理五术的应用（木火土金水）

五术道法，是一种管理模式。简易是竞争力，也是企业永续发展的原动力。

掌握了五术道法易道策略我们就会无所不出，无所不入，无所不可。可以说家，可以说国，可以说天下。为小无内，为大无外。

易道管理之五术：

(1) 精进术（修）

(2) 识人术（人）

(3) 处世术（立）

(4) 纵横术（事）

(5) 管理术（管）

第二节　易道五变

易道管理的五变是一种管理模式。

经济发展到今天，无形价值越卖越值钱，有形价值越卖越不值钱。手机、彩电今天买回来，明天就跌价。汽车一下线就跌10%的价钱。而故宫、黄山、艺术品杰作的价值则年年看涨，这到底为什么，人们在困惑，不知何去何从？

易道管理理念是变易的，易道管理之五变：

变无形为有形。

变文化为经济。

变物境为心境。

变资源为资本。

变形式为意味。

一、"变无形为有形"　〈木〉

一说"变无形为有形"

1. 无形是什么？

《道德经》告诉我们："反者道之动，弱者道之用。天下万物生于有，有生于无。"

因此，无形生有形，有形生成万物。

要无中生有。当具体事物的使用研究到了一定程度，人们蓦然回首，

变无形为有形易道至多

原来有与无同样都有用，有的东西在填塞我们不断增长的物质需求，而无却能滋润我们人类的干渴的心灵。道的作用到了今天仿佛才显示了它的力量。

2. 那么如何把无形变为有形呢？

关键是找到其中之道。

那么道在哪里呢？

反者道之动：道的运动变化是循环往复的。

弱者道之用：道的作用是渺小而无形的。

3. 什么是无形资产？

名称、品牌、设计、商标、专利、版权等等都是无形资产。

4. 取个好名字——名利双收

在这个创新的社会里，名字很重要，无论对人或企业，因为名字传达的是一种文化和精神。许多产品因高雅脱俗的名称而畅销。

如，雪碧：作为夏天的饮料，凉爽而清澈，洁净而自然的联想，使其销路在中国压倒群雄。

利朗：作为服装，塑造了干练、果断、坚强、成功的男子汉形象。

但也有许多产品因为不符合时代文化及宗教文化而自我毁灭。

如："少林寺"火腿肠、"黑五类"食品等这些创意奇特但不符合中国的文化理念，也就不符合市场营销理念。

所以，好的公司及产品名称对于树立自己的品牌很重要。

EXXON艾克森花1亿美元改名，耐克花200万美元设计名。

我们名人轩文化创意公司在这方面设计了不少成功品牌：

日本"TOSTEM通世泰"建材；"华泰吉田"越野车；"清水丽人"化妆品；"龙士铭"休闲服；"爽然"葡萄酒；"元和正肝"、"元和正胃"。

5. 知识管理，品牌制胜

我们要把中国制造，变成中国创造，再把中国创造的产品，变成中国及世界的驰名商标。

为什么提起"耐克NIKE"、"微软MIEROSOFT"、"英特尔INTEL"、"戴尔DELL"众所周知，因为这些产品其无形资产含量很大。

美国人20世纪卖专利、电影和芯片；现在卖美元；未来卖商标。同一件商品，贴上中国商标售价100元，贴上美国商标售价1000元。所以我们要觉醒，保护我们的知识产权。

例如名人轩保护的几个品牌：

①龙泉山庄

②水立方酒

③团结印服装系列

④鸟巢咖啡、水

⑤自由马、而立之年、不惑之年白酒

⑥浦京啤酒

⑦喜刷刷牙刷、牙膏

⑧标志轩标志设计

⑨中名通商标代理

⑩人参园特产店、山珍宴、酒、大米、食品等

还有最近新创意的有：

①学习型白酒

②泡泡洗浴液

还有版权、专利更要重视起来，这里不一一列举了。

6. 我们达到的目的？（无中生有，为天下智!）

唐·拾得禅诗：

无去无来本湛然，不居内外及中间。

一颗水晶绝瑕翳，光明透出满人间。

原来就在光明之中。

名可名大国创意，道可道文化兴邦！

好名创意→品牌→设计→商标→专利→版权等无形资产→资本。用我们非凡的设计，创造您成功的奇迹！变无形为有形，无中生有，为天下智！

二、"变文化为经济" 〈火〉

二说"变文化为经济"

1. 文化是什么？

文化是特定人群在当下普遍的自觉的观念和方式系统。文化消费从经历、体验、觉悟、信仰到达经济境界。

2. 经济是什么？

经济是社会物质生产和再生产的活动。

3. 什么是文化经济呢？

文化经济也是文化产业经济，更是文化创意经济。

文化创意经济是以人的文化精神创造力来生产心能的经济。

4. 什么是文化创意产业？

心满意足的产业，包括十三项：广播、电视、电影、娱乐、广告、出版、建筑、视觉艺术、工艺、设计、时尚、音乐、网游、动漫等。

变文化为经济 《易道五变》

5. 那么如何把文化变成经济呢？

关键是把文化化为生命，让我们动人、动情、动心，让我们有故事、有传奇、让我们心满意足、神定气闲、要感动！

6. 如何让我们动人、动情、动心呢？

动人：一位模特儿演出一场的身价，可以抵得上十个、百个制衣工人一个月的劳动，甚至上千个制衣工人的一个月的劳动。模特儿最大的特点是动人。

车展总是请来美女推销，名车与美女交相辉映，看上去很动人。漂亮的东西楚楚动人，还处于较低的层次，更高的层次是动情和动心。如：宝马车加入有容，乃悦。

动情：草原牧鹅的策划（动情故事传奇）。

草原牧鹅的传说：

人物1：嘎达梅林

人物2：乌兰

人物3：鹅神

人物4：玉皇大帝

事件1：嘎达梅林为了科尔沁草原上的土地英勇牺牲了。嘎达梅林的妻子乌兰继续为科尔沁草原的土地而奋斗着。

事件2：在一次宝龙山的起义中，乌兰的部队失利，被王爷的部队紧逼其后，在后有追兵，前边又遇辽河力海时，突然飞来一片白云载乌兰而去……

事件3：原来白云是玉皇大帝派来的鹅神，为嘎达梅林和乌兰保卫牧民的土地而感动，让我鹅神化作白云，飘过辽河力海。

事件4：乌兰和牧民们又飞到自己的草原上，白云朵朵也跟着飞了下来，落到草地上都变成了一群群白鹅。

事件5：乌兰和牧民们为报白鹅救命之恩，在草原上放牧着白鹅。草原牧鹅的故事一直流传至今。

故事

相传，科尔沁草原上，有一位为科尔沁草原土地而战斗的英雄，他英勇牺牲了，他的名字叫嘎达梅林。嘎达梅林的妻子乌兰还继续为科尔沁草原土地而奋斗着。

在一次宝龙山的起义中，乌兰和牧民的部队失利，被王爷的部队紧逼其后，在后有追兵，前边又恰恰遇上了辽河力海，就在这危急之时，天空飘来一朵朵白云，落在乌兰和牧民的脚下，乌兰和牧民登上白云，飘过辽河力海，飘到了远方。

原来片片白云是玉皇大帝派来的鹅神所变，玉皇大帝被嘎达梅林和乌兰保卫草原土地的事情而感动。所以，鹅神化作白云，飘过辽河力海，载着乌兰和牧民飞到了自己的草原上。

白云朵朵也跟着飞了下来，落到草原上都变成了一群群白鹅。和乌兰、牧民嬉戏起来。

乌兰和牧民们为报白鹅的救命之恩，在草原上放牧着白鹅。草原牧鹅的故事一直流传至今。

动情：玩酷如李想的泡泡网。更深刻的内容必须进入到人的内心深处。

动心：一件产品从实用到动人，再到动情、动心，一层层下来，其价值就会相应提升。在心能经济文化创新的社会里，以情动人是最重的一种创意方法。

比如：一个瓷土做的杯子，仅仅被用来喝茶，除此之外没有别的含义，市场价格就是1元；如果把它做得相当精致就会卖到10元；假如再提升它的价值，光是动人是不够的，必须在里面加入感情，把它塑造成一个情感形象，如金猪送福、龙凤呈祥，这就成了一件艺术品，可以卖到100元左右；现在我们使它成为一件法器，或者是老子、孔子、玉皇大帝、三世佛、三清道主的雕像，并且有根有源地加以推出，它的价值就会迅速上升。我们为之策划的国际专卖店"蓬荜生辉吉祥物连锁店"从今年10月一经推出，短短三个月已经取得很好的效果，达成不少连锁意向。

7. 我们要达到的目的？（心满意足，为天下心！）

唐五代·志勤灵云禅诗：

三十年来寻剑客，几回落叶又抽枝。

自从一见桃花后，直至今日更不疑。

这是灵云禅师到武陵参学，正逢春暖花开，一树一树桃花相映红，他突然开悟本性，写下这首诗。读过则喜，有一种如获新生之感。

这是个觉悟的时代，觉悟能于能力，智慧胜于知识！动手不如动人，动人不如动情，动情不如动心！变文化为经济，就是要心满意足，为天下心！

三、"变物境为心境" 〈土〉

三说"变物境为心境"

1. 什么是物境?

物境是自然环境、文化环境，物境也是环境心态，物境是信息磁场。

2. 什么是心境?

心能之境。一个优雅物境，会带来优美的环境，使人喜悦平安。当我们置身于满壁诗书的书房时，感受的是学问；当我们置身于黄山莲花之顶时，感受的是高远；当我们置身于青岛栈桥时，感受的是开阔。

3. 那么我们如何改变物境呢?

得意忘形！如何把普通的环境改变成平安喜悦的环境呢?

关键是找到解析环境的心能物语，也就是物境创意。

变物境为心境《易道五变》

4. 什么是物境心能呢?

像建筑行业、景观设计、古玩、书画艺术等等，这些行业都能产生一定的物境心能。或赏心悦目，或陶冶性情，可减轻心理压力，增加情感，热爱生活，提高生活质量。

5. 孙子圣都品牌广饶更是如此

6. 浙江孝顺镇经济区域策划

浙江省金华市金东区孝顺镇是个千年古镇。唐武德四年距今已有一千三百八十余年了。距金华中心城市和义乌中等城市各23公里，是两市经济发展轴上的联结点。义乌江与青翠的南山相依傍。龙盘古寺、无量寺都是前年古寺。

因义乌是世界小商品基地，孝顺定位在小商品生产基地。

7. 河北邢台公园景观

说一个物境即心境的故事：

我在河北省邢台市做城市策划时，到"达活泉"公园考察。

达活泉：

达活泉之源在太行山。地下潜流，遇到地层断裂，形成地下泉水。泉水碧透，沙沸如煮。

我在达活泉泉眼边，看到有一棵古树，高大挺拔，在达活泉的园池中和达活泉相映成趣。但在达活泉的池外还有一棵古树，枝丫柔曼，臂膀爬向达活泉中的那棵大古树。

我看到此时，和书记说："我们要扩大达活泉的园池，让这两棵古树团聚。池中高大挺拔的古树犹如丈夫，池外枝丫柔曼的古树犹如妻子，应该让他们团圆，再创造一景：'达活泉——夫妻树'。"这样也合乎自然，也增加景观。

8. 我们要达到的目的（得意忘形，为天下境！）

宋·无门慧开禅诗：

春有百花秋有月，夏有凉风冬有雪。

若无闲事挂心头，便是人间好时节。

原来物境是物语，物境即是心境。所以，物语、心境就在天地自然之间。是心能之境。物境—心境—心能，让我们得意忘形，为天下境！

四、"变资源为资本" 〈金〉

四说"变资源为资本"

1. 什么是资源资本？

资源是自然资源和文化资源。资源就是潜在的资本，是巨额存款的存折，是取之不尽、用之不竭的财富。

2. 那么如何变资源为资本呢？

那么，如何把潜在的资本挖掘出来？如何把巨额存款取出来呢？

变形式为意味

关键是找到领取财富的密码，也就是巨额存款存折的密码。

原来密码就在眼前，密码就在心智。

3. 那么什么是资源资产呢？

自然、天然、历史、民俗和文化是独特的稀有的，并且不可复制的。它们是核心资源，在市场上有着独特的竞争力。如长城、故宫、天坛等。

我们就是要把物质之外的价值提升并实现最大化。

4. 说一个资源变资本的故事：知青圣地

河南"广阔天地乡"的策划：自然、天然、历史、民俗和文化是独特的资源变资本的故事。1955年毛泽东对知识青年上山下乡接受贫下中农再教育的重要批示，使一千八百万青年上山下乡成为一件极为重要的历史事件。浓缩精华，"广阔天地乡"就是在这个前提下诞生的。

策划指导思想：以"中国知青文化节"为平台，在国际范围扩大"广阔天地乡"的知名度与影响力，以"知青文化游"为龙头，将以旅游业为基础的特色产业带动其他相关产业发展。

具体思路为：

打造"知青圣地"

↓

提炼"知青精神"

↓

研究"知青文化"

↓

发展"知青旅游"

↓

搞活"知青经济"

↓

带动区域经济的提升和发展

↓

打造中国第一知青圣地"广阔天地乡"品牌

所以资源无处不在，看你有没有发现资源的眼睛；创新无处不在，看你有没有纵横天下的智谋；文化经济无处不在，看你有没有开启文化的钥匙。

当然，书记也非常满意，说述任你给我找到了存折的密码。

5. 我们要达到的目的？（利达天下，为天下根！）

禅诗：

唐·比丘尼无尽藏禅诗：

终日寻春不见春，芒鞋踏破岭头云。

归来笑拈梅花嗅，春在枝头已十分。

从自然、天然、历史、民俗和文化中，找到领取财富的密码，也就是巨额存款存折的密码。变资源为资本，利达天下，为天下根！

五、"变形式为意味" 〈水〉

五说"变形式为意味"

1. 什么是形式？

形式多种多样如命名、符号、数码、样式、场景、状态、气氛和故事等。

2. 什么是意味？

意味即是含蓄的意趣和情味。

3. 如何把形式变为意味呢？

那么，如何把人们的经历、体验、觉悟、信仰、喜悦和平安的消费激活，即是把形式变为意味呢！关键是把形式赋予意味。

4. 花：一束花0.5元一枝，成为玫瑰就5元一枝，变成惊喜玫瑰就15元一枝了，那么到了情人节代表爱的时候，一枝卖52.1元也值！

5. 一个电话号码：13911118888，价值38万元，要长久要要要要发发发发！那么38万也不贵！

6. 车牌号码：一个车牌号为浙C·88888竟卖出166万元。

7. 彩铃：粥稀稀的彩铃《等咱有钱了》也卖了。

8. "江心屿"的故事：

我说一个变形式为意味的故事：

"江心屿"温州餐馆连锁策划：

方先生想把温州菜开遍全国。

温州，地处浙江东南部，瓯江南岸，东临东海。交通原以水运和公路运输为主，因地处温峤岭之南侧"虽隆冬恒燠"，故名温州。温州市名胜古迹甚多。江心屿（孤岛）是全市最主要的旅游点，岛上有文物展览馆和革命烈士纪念馆。

通过调研，我们策划为"江心屿"餐馆，正合温州的文化景观。

江心屿温州餐饮品牌包厢名：1. 瓯江月色；2. 春城烟雨；3. 海淀朝霞；4. 孟楼潮韵；5. 翠薇夕照；6. 远浦归帆；7. 沙汀渔火；8. 罗浮雪影；9. 塔院风筠；10. 海眼香泉；11. 妈祖朝拜；12. 渔人得珠；13. 瑶溪山水；14. 龙湾夜色；15. 雁荡美山；16. 神龟福泰；17. 灵峰有宝；18. 楠溪风光；19. 浩然登楼；20. 江心屿岛。

"江心屿"的故事梗概：

人物1：渔夫阿弘

人物2：妈祖娘娘

人物3：神龟

事件1：渔夫阿弘生活清苦，但他很善良。一天，阿弘出海打鱼，捞到一只大龟，善良的阿弘将其放生。

事件2：几年后，阿弘在江上打鱼时，被台风卷入大海。

事件3：大龟以自身的血救活阿弘，告诉阿弘是妈祖让他来报恩。

事件4：大龟嘱托阿弘以龟肉做汤，喝下可保平安长寿。龟甲内有珍珠，可换取财富。

事件5：阿弘变卖珍珠成为巨富，将龟肉做汤给大家喝。

事件6：为纪念妈祖和老龟的功德，阿弘建"江心屿"餐馆，并且留下了"饮龟汤可保长寿，摸得龟得平安财宝"的习俗，一直流传至今。

这就是变形式为意味的过程。

9.我们要达到的目的？（道法自然，为天下式！）

禅诗：

好风晴日满溪山，又到桃源尽处还。

流水落花拦不住，几多春色在人间。

形式无处不在，好风晴日也好，流水落花也好，全在于意味"桃源"和"春色"。中华民族是一个的写意的民族，写的是一份情，画的是一个境。变形式为意味，道法自然，为天下式！

易道管理需要：

1.需要我们无中生有，形式胜于内容；为天下智！

2.需要我们心满意足，人心所向，动人、动情、动心！为天下心！

3.需要我们得意忘形，物境，心境，是心能之境，为天下境！

4.需要我们利达天下，认同即是价值，不管自然和历史，认可是一种价值。变资源为资本，为天下根。

5.需要我们道法自然，有意味样式，有个性适意，个性精神和道德，为天下式。

不管明日如何，

今夜清风明月下，

我仍愿在心中种满莲花。

莫忧我花几时开，

回首快将己花植。

资源是能够满足人们心理和精神感觉的天然来源，文化经济是来满足人们心灵的需要，即心理和精神的需要。

资源、文化、经济是我们这个时代的主流，在这个文化经济的时代，资源胜于资本，无形胜于有形，菩提胜于树。愿我们都能把握资源，赢在未来！

第三节　易道五术

五术道法，是一种易道管理的道术模式。

简易是竞争力，也是企业永续发展的原动力。掌握了易道五术我们就会无所不出，无所不入，无所不可。可以说家，可以说国，可以说天下。为小无内，为大无外。

易道管理之五术道法：

一、精进术（修）(阴符篇)

一盛神法五龙

要想精神旺盛充沛，必须效法五龙。

盛神中有五气，神为之长，心为之舍，德为之人。养神之所归诸道。

（在旺盛的精神中，孕育着神、魂、魄、精、志等五脏之气。"精神"是五脏精气的统帅，"心"是精神的依托，"道德"才能使精神更伟大。所以，养神的方法归结为道。）

二养志法灵龟

要想培养志向，就要效法灵龟。

养志者，心气之思不达也。有所欲，志存而思之。志者，欲之使也。欲多志则散，心散则志衰，志衰则思不达也。

（之所以要培养志向，是因为不培养志向，心的思想活动就不会畅达。如果有了某种欲望，老放在心里思考，那么，志向便被欲望所役使。欲望多了，心便分散，心分散了，志向便衰弱，志向衰弱了，思想活动便不畅达了。）

易道管理五术道法 —— 精进术

三实意法腾蛇

要想思虑详明，就要效法腾蛇。

实意者，气之虑也。心欲安静，虑欲深远。

（所谓充实人的思虑，使自己心平气顺，思虑周到。心绪要沉静稳重，思虑要深刻长远。）

无为而求，安静五脏，和通六俯，精神、魂魄固守不动，乃能内视、反听、定志，思之太虚，待神往来。

（要自然无为，使得五脏和谐，六俯通畅，精神魂魄都能固守不动。这样便可以精神内敛来洞察一切、听取一切，便可以志向坚定，使头脑达到毫无杂念的空灵境界，等待神妙的灵感活动往来。）

四分威法伏熊

要想分布威力，要效法在地上准备出击的熊，蓄积待发。

五散势法鸷鸟

要想散发威势，慑服他人，就要学鸷鸟寻找有利的时机而行动。

六转圆法猛兽

要想像圆珠那样运转自如，必须效法猛兽智慧无穷无尽。

七损兑法蓍草

要想了解事物，减损杂念，使心神专一，要效法灵验的蓍草。

二、识人术（人）

五德显相各不同：

五德和五神：

五德为仁、义、礼、智、信，每个人因家庭背景不同，受教育程度不同而不同，表现在每个人身上有的仁心、义气、礼貌、智慧、诚信等各种优秀的品格。

仁心的人：善良博爱，忠厚祥和。

义气的人：义薄云天，勇往直前。

礼貌的人：礼仪四方，雍容华贵。

智慧的人：智慧通达，随机应变。

诚信的人：一言九鼎、信事但但。

有德的人：身居高贵之位，却恭敬有礼；身处富裕之境，却俭朴如一，不骄不躁的人。

容止之德：坐如钟，立如松，卧如弓，行如风。

相对应：坐如摇，立如槁，卧如槽，行如逃。

显相：

四方脸：脸形方方，管理四方。

长方脸：脸形长长，营销擅长。

圆脸形：脸形圆圆，理财数钱。

三角脸：面带三角，偏激心小。

相由心生，显相不同：

福相：面带福相，厚道吉祥。

禄相：面带禄相，力量刚强。

寿相：面带寿相，平安健康。

喜相：面带喜相，接待市场。

财相：面带财相，财务保障。

古相：脸形古古，智谋读书。

怪相：脸形怪怪，技术在怀。

死相：脸形死相，工作不长。

识人术《易道五术》

老子道德把人分成六种：圣人、贤人、善人、好人、坏人、恶人。

他们的为人处世之道：

圣贤之人，常善救人，故无弃人；常善救物，故无弃物。是谓袭明。

（有道的人总是善于挽救人，所以没有被遗弃的人；经常善于物尽其用，所以没有被遗弃的东西。能做到这样就叫做聪明。）

圣人不伤人，故德交归焉。

（圣人不伤人，是德所带来的恩泽。）

《老子》第六十三章：为无为，事无事，味无味。大小多少。报怨以德。

图难于其易，为大于其细；

天下难事，必作于易；

天下大事，必作于细。

是以圣人终不为大，故能成其大。

夫轻诺必寡信，多易必多难。

是以圣人犹难之，故终无难矣。

（圣人始终不自以为大，因此才能成就大事业。）

《老子》第二章：天下皆知美之为美，斯恶已。皆知善之为善，斯不善已。

有无相生，难易相成，长短相形，高下相盈，音声相和，前后相随。恒也。

是以圣人处无为之事，行不言之教；万物作而弗始，生而弗有，为而弗恃，功成而不居。夫唯弗居，是以不去。

绝圣弃智，民利百倍（绝对圣人抛弃聪明的机巧，百姓就可以得到百倍的好处）。

是以圣人，处上而民不重，处前而民不害（所以圣人，地位虽高而人民负担不重，站在前面而人民不受其害）。

圣人无常心，以百姓之心为心（圣人长久没有私心，以百姓的意愿作为自己的意愿）。

善人和好人，不争强好胜。江海所以能为百谷王者，以其善下之，故能为百谷王。是以圣人欲上民，必以言下之。欲先民，必以身后之。是以圣人处上而民不重，处前而民不害，是以天下乐推而不厌。以其不争，故天下莫能与之争。

（江海之所以能成为百川河流所汇集的地方，是因为它地势卑下的原因，所以能成为百谷王，因此，圣人要领导民众，必须用言语对民众表示谦下，要想为民众的表率，必须把自己的利益放在民众之后。）

故善人，不善于人之师（故善良的人，是不善良人的老师）。

善者果而已，不以强取（善人能够保住自己，对任何事都不强迫夺取，不为私利去争斗）。

坏人和恶人，无处不害人。若使民常畏死，而为奇者（恶人使人民经常处于怕死的状态中，他就是一个奇怪之物）。

祸莫大于不知足，吝莫大于欲得（祸害都是由于不知足产生的，吝啬主要是想自己获得）。

总之，道者万物之奥，善人之宝，不善人之所保（道是万事万物中最奥妙的，善人的无价之宝，不善之人求之，方可得到一定的保护）。

美言可以市尊，美行可以加人（美言可暂时得到别人的信任，尊贵的行为可以做人的榜样）。

品目知人观其诚：

品目知人：

君子怀德智仁勇，小人怀土忧惑惧。

什么是君子？

君子是一个善良的人、高尚的人、有胸怀大志的人、好处事的人。

说君子道者三：仁者不忧，智者不惑，勇者不惧。

仁者不忧，一个人做到内心的坦然，有仁义的大胸怀，让自己没有忧伤、忧思、忧恐、担忧。来自于你内心的仁厚，让你宽和。

智者不惑，能让自己内心的选择能力更强大，这就是让自己成为一个

智者。

勇者不惧，"两强相遇勇者胜"，当你自己的心足够勇敢，足够开阔。

真君子要做到内心的仁、智、勇，所以就少了世界上很多的忧、惑、惧。

1. 一个善良的人

不怨天，不尤人，既不抱怨说老天爷不给我机会，也不抱怨这个世界。

2. 一个高尚的人，有胸怀大志的人

达则兼济天下，穷则独善其身。

发达时想到天下己任，穷途末路时要不放弃个人修养。

孔子说：君子怀德，小人怀土，君子怀刑，小人怀惠。

3. 一个好处事的人

"君子合而不同，小人同而不合"。

"君子周而不比，小人比而不周"。

"君子坦荡荡，小人长戚戚"。

"君子易事而难说也，小人难事而易悦也"。（论语子路）

"刚毅木讷近仁，敏于行而讷于言"。

圣人：通过学习掌握道的人。

真人：从上天获得本性的人。

仁人志士善公益，英雄豪杰显威名。

仁人志士：有智慧，又有良心的人，为社会造福，为众人谋利。

英雄豪杰：有聪明才智，但追求功名利禄的人。

英才：聪明秀出叫英，有智慧才能的人叫英才。

雄才：胆力过人叫雄，有胆力又才华的人叫雄才。

豪才：豪气冲天，有魄力叫豪，有魄又杰出的人叫豪才。

杰才：出众叫杰，才能成就出众的人叫杰才。

英雄：聪明秀出叫英，胆力过人叫雄，聪明是英的成分，如果缺乏雄的胆力，他的理想难以实现；胆力是雄的成分，如果缺乏英的智慧，他的事业就难以成功。只有具有英与雄的双重品质，才能称为英雄。

观其诚：

路遥知马力，日久见人心。

《庄子》观诚：

远使观其忠；

近使观其敬；

烦（棘手的事）使观其能；

卒然（突然）问焉观其智；

急（紧急约定）与之期而观其信；

杂（复杂环境）之以处而观其色。

醉之以酒，以观其态；

试之以色，以观其贞；

远使以财，以观其廉；

告之以难，以观其勇。

八正八邪察品行：

八正道：

（一）他有正确的行为规范（戒）

1. 正语：正确的语言。

2. 正业：正确的行为。

3. 正命：正确的职业。

（二）他有正确的人生态度（定）

1. 正念：正确的心态。

2. 正定：中正、和谐、宁静、稳定的心态。

（三）他有正确的思想意识（慧）

1. 正见：正确的见解，正确的理念。

2. 正思维：正确的思维，正确的目标。

3. 正精进：正确的进步。

八正：即正见，正思维，正语，正业，正命，正精进，正念，正定。

八邪：

八邪呢？就是八正道的反面。

八邪：邪语、邪见、邪思维、邪业、邪命、邪精进（又叫邪方便）、邪念、邪定，这是八邪，就是八正道的反面。

道合志同事善能：

道合可结盟（横向联合）。

志同可为友（纵向联合）。

有的人可合作，共创大业。

有的人可作为你的助手及同事。

用人时要在考虑好以上条件后，发挥他们各自的特长。

上善若水，水利万物而不争，处众人之所恶，故几于道。

七善:居善地，心善渊，与善仁，言善信，政善治，事善能，动善时。

识人术口诀：

五德显相各不同，

品目知人观其诚。

八正八邪察品行，

道合志同事善能。

三、处世术（立）

中经口诀（处世术）：

见形为容，象体为貌，

闻声和音，解仇斗郄，

缀去却语，摄心守义，

立身处世，中经巧技。

1. 见形为容（面相）：

见形为容：眉、眼、鼻、口、耳。

论眉：

眉宽广清秀吉。

眉短粗浓少凶。

眉宽广清长，定富贵隆昌。

眉宽清长，富贵隆昌。

眉生高昂，前程吉祥。

眉短粗浓，逆乱必凶。

论眼：

眼神秀清长吉。

眼浊浮露怯凶。

神秀清长，富贵隆昌。

眼神日月光，天下走四方。

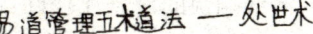

易道管理五术道法 ——处世术

眼神知善恶，天下无不澈。

眼神知黑白，天下大人才。

眼神知中正，天下无不胜。

论鼻：

鼻正直高大，厚重隆起为吉。

鼻歪低陷小，鼻孔仰露为凶。

鼻正洪直，富贵无极。

鼻直而厚，天子诸侯。

鼻高而昂，富贵隆昌。

鼻大狮子，聪明达士。

鼻厚隆起，皆大欢喜。

鼻梁低陷，难聚钱财。

鼻孔朝露，孤独难受。

论耳：

耳颜色鲜艳，高耸有轮廓，耳厚垂珠者为吉。

耳反缺掀露者为凶。

论口：

口方正阔大，唇红端厚，棱角分明为吉。

见形为容：从一个人外表推知内心。

2. 象体为貌（相体）：

五行形象诗曰：木瘦金方水主肥，土形敦厚背如龟，上尖下阔名为火，五样人形仔细推。

论形：

人秉阴阳之气，肖天地之形，受五行之资，为万物之灵者也。

故头像天，足像地，眼像日月，声音像雷霆，血脉像江河，骨节像金石，鼻额像山岳，毫发像草木。

天欲高远，地欲方厚，日月欲光明，雷霆欲震响，江河欲润，金石欲坚，山岳欲峻，草木欲秀，是也。

闻声和音：

象体为貌：从一个人的行为推知他的精神面貌。

3. 闻声和音：辨识声相

清润响快的声音比较好；

干涩沉哑的声音就不好。

人大声小，不佳；

人小声大，佳。

声音分五行，五音。

欣喜之声，宛如翠竹折断，其情致清脆而悦耳；

愤怒之声，宛如平地一声雷，其情致豪壮而强烈；

悲哀之声，宛如击破薄冰，其情致破碎而凄切；

欢乐之声，宛如雪花于疾风刮来之前在空中飞舞，其情致宁静轻婉。

如果是刚健激越的阳刚之声，那么，像钟声一样洪亮沉雄，就高贵；

像锣声一样轻薄浮泛，就卑贱。

如果是温润文秀的阴柔之声，那么，像鸡鸣一样清朗悠扬，就高贵；

像蛙鸣一样喧嚣空洞，就卑贱。

远远听去，刚健激越，充满了阳刚之气。

而近处听来，却温润悠扬，而充满了阴柔之致，起的时候如乘风悄动，悦耳愉心；止的时候却如琴师拍琴，雍容自如，这乃是声中之最佳者。

俗话说，"高声畅言却不大张其口，低声细语牙齿却含而不露"，这乃是声中之较佳者。

闻声和音：听到他的声音，便用相同的声音去应和。

4. 解仇斗郄：解仇：为两弱解仇；斗郄：指两强斗气。

5. 缀去：将要离开时用连缀于自己的言辞，使对方怀念。

6. 却语：探察他人言语中的缺点。

7. 摄心：赞美对方，使对方归于自己，就是收服人心。

8. 守义：坚守仁义，探求内心意愿，以迎合对方。

四、纵横术（事）

易道纵横术：

天地阴阳捭阖悟：

天地万事万物，或阴或阳，或弛或张，首先确其归属。

故捭者，或捭而出之，或捭而纳之。阖者，或阖而取之，阖而去之。

（开放或封闭是天地间万事万物发展变化的基本形式。掌握了开的道理，或者把自己的建议推出而实施，或者是把别人的建议纳入脑中而深藏起来，掌握了闭的道理，或者采纳别人的建议并付诸实施，或者是拒绝采纳而弃置不用。捭阖之道不是一天一日能明白，需要我们配合实践是渐领

易道管理五术道法——纵横术

易道管理

悟。)

捭阖者，以变动阴阳，四时开闭，以化万物。纵横、反出、反复、反忤，必由此矣。

捭阖之道，以阴阳试之。故与阳言者依崇高，与阴言者依卑小。以下求小，以高求大。由此言之，无所不出，无所不入，无所不可。可以说人，可以说家，可以说国，可以说天下。为小无内，为大无外。

揣摩忤合策万物：

揣情者，必以其甚喜之时，往而极其欲也，其有欲也，不能隐其情。必以其甚惧之时，往而极恶也，其有恶也，不能隐其情。（揣篇）

在他们最高兴时了解其欲望，在其最恐惧时候了解其心理。这样就可以了解其心理需求。

微摩之以其所欲，测而探之，内符必应，其应也，必有为之。（摩篇）

根据他们情感欲望稍微进行揣度，再进一步探测其中的奥秘，这样其内心情感与外在表现就必然会相呼应，就会在行动上有所作为。

变生事，事生谋，谋生计，计生议，议生说，说生进，进生退，进生制，因以制于事，故百事一道，而百度一数也。

事贵制人，而不贵见制于人。制人者，握权也；见制于人者，制命也。故圣人之道阴，愚人之道阳。智者事易，而不智者事难。（谋篇）

用之于天下，必量天下而与之；用之于国，必量国而与之；用之于家，必量家而与之；用之于身，必量身材能气势而与之。（忤合篇）

如果运用到经营天下上，就必须度量天下的实际情况，决定顺合或者反逆；如果要把这种反忤之术运用到经营封国上，就必须度量封国的实际情况，以决定顺合或者反逆；如果要把这种反忤之术运用到治理家族事业上，就必须度量家族事业的实际情况，以决定顺合或者反逆；如果要把这种反忤之术运用到个人的事业上，就必须度量个人才能气势，以决定顺合或者反逆。

抵巇飞钳决胜负：

抵巇：

巇始有朕，可敌抵而塞，可抵而却，可抵而息，可抵而匿，可抵而得，此为抵巇之理也。

巇刚开始时会出现征兆。当这种征兆从内部出现时，可以堵塞它；从外部出现时，可以击退它；从下层出现时，可以平息它；当这种征兆处于萌芽状态时，可以泯灭它；而当其危机深重、不可救药时，可以通过适当的途径取而代之。这就是抵巇的道理。

飞钳：

飞钳术即度权量能：

用之天下，必度权量能，见天时之盛衰，制地形之广狭，阻险之难易，人民货财之多少，诸侯之交孰亲孰疏，孰爱孰憎，心意之虑怀，审其意，知其所好恶。

用之于人，则量智能、权材力、料气势，为之枢机。

就是衡量人的智慧、才能、气魄。

用于人则空往而实来，可钳而纵，可钳而横，可引而东，可引而西，可引而南，可引而北，可引而反，可引而覆。虽覆，能复，不失其度。

要想成就事业，就必须揣度人的权谋，衡量人的才能，观察天时的盛衰，考察地形的广狭，山川险阻的难易，人民财货的多少，各方诸侯的亲疏、爱憎关系，还要了解其人的心意，知道其好恶，这样就能像控制事物的机关和枢纽一样，控制诸侯。就可以实现合纵，也可以实现连横，在各各行业领域达到小无内为大无外的策划。

决胜负：

变生事，事生谋，谋生计，计生议，议生说，说生进，进生退，进生制，因以制于事，故百事一道，而百度一数也。

事贵制人，而不贵见制于人。制人者，握权也；见制于人者，制命也。故圣人之道阴，愚人之道阳。智者事易，而不智者事难。（谋篇）

易
道
管
理

圣人所以能成事者有五种途径：有以阳德之者，有以阴贼之者，有以信诚之者，有以蔽匿之者，有以平素之者。（决篇）

圣人之所以能够成就事业，其途径有五种：

1. 有的正大光明，以道德进行教化；

2. 有的诚信仁义，以诚心相感召；

正心术

3. 有的平和沉静，遵循常理；

4. 有的隐蔽掩饰真心；

5. 有的阴谋诡计，以权术进行残害。

如何决策原则：趋利避害！（决篇）

1. 公王大人之事也，危而美名者，可则决之；

（王公大臣的事情，如果事业崇高，由此可得美名，可行的话，就可以做出决断。）

2. 不用费力而易成者，可则决之；

（不用花费太多精力就可以获得成功的事情，可行的话就可以作出决断。）

3. 用力犯勤苦，然不得已而为之者，可则决之；

（劳心费力而又辛勤劳苦，却又不得不做的事情，可行的话就可以作出决断。）

4. 去患者，可则决之；

（消除祸患的事情，可行的话就可以作出决断。）

5. 从福者，可则决之；

（追求获致幸福的事情，可行的话就可以作出决断。）

摄心阴符纵横术：

摄心就是中经，阴符即是精进。

家国天下纵横术：

至圣达奥并御世，掌握了此术就可以为小无内，为大无外，齐家治国，纵横天下。

※纵横之七十二术：

1. 捭阖阴阳术：发挥主观能动性变阳为阴或变阴为阳。（观阴阳之开阖以命物）〈捭阖篇〉

沟通术

2. 刚柔弛张术：软硬兼施、刚柔相济。（或开或闭，或弛或张）〈捭阖篇〉

3. 守司门户术：抓住事物的关键环节而去处理事情。（口者，心之门户也）〈捭阖篇〉

4. 周密贵微术：计谋实施中要注意周详保密。（欲捭之贵周，欲阖之贵密）〈捭阖篇〉

5. 为人自为术：为他人制订计划时要道法自然，避害趋利。（以下求小，以高求大）〈捭阖篇〉

6. 张网得实术：使用手段，投其所好，而实现自己的愿望。（其张置网而取兽也，多张其会而司之。道合其事，彼自出之，此钓人之网也。常持其网驱之）〈反应篇〉

7. 欲取反与术：想从对方那里得到你要的，就要先给对方一点他所需用的。（欲闻其声反默，欲张反敛，欲高反下，欲取反与）〈反应篇〉

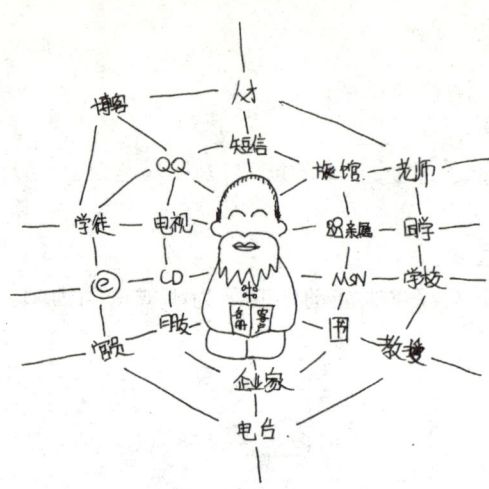

8. 见微知类术：抓住事物的共性，推测其发展趋势，早做安排。（已欲平静，以听其辞，察其事，论万物，别雌雄，虽非其事，见微知类。）〈反应篇〉

9. 圆方之术：事情真相未明就加以引导，等完全暴露再去解决。（如阳如阴，如阴如阳，如圆与方，如方与圆。未见形圆以道之，既见形方以事之）〈反应篇〉

10. 由已推人术：要想了解别人就先了解自己。（知之始已，自知而后知人也）〈反应篇〉

11. 得情制人术：摸透对方心意而说服、控制对方。（或结以道德，或结以党友，或结以财货，或结以采色）〈内键篇〉

12. 环转退却术：让对方不知所为，欲盖弥彰。（若命自来，已迎而御之。若欲去之，因危与之。环转因化，莫知所为，退为大仪）〈内键篇〉

13. 抵巇之术：善于发现并抓住对方漏洞或及时补救己方漏洞。（抵巇隙，为道术）〈抵巇篇〉

14. 深隐待时术：在裂痕出现前不要蛮干而要等待时机。（世无可抵，则深隐而待时，时有可抵，则为之谋）〈抵巇篇〉

15. 飞钳术：摸清对方底细，然后以褒扬之词而钳制之。（通过外交辞令，获知内心真实感情，再用褒扬的方法控制对方）〈飞钳篇〉

16. 重累法：对那些不为游说辞令所动的人，或先征召，然后历数其才能，反复试探和感化；或者先历数其才能，进而进行试探和感化，然后

再对其才术之短进行诋毁；或者借历数其才能之名行诋毁不足之实；或者借诋毁其不足之名行褒扬其才能之实。其不可善者，或先征之，而后重累，或先重以累，而后毁之，或以重累为毁，或以毁为重累。〈飞钳篇〉

17. 引诱法：用财货、琦玮、珠玉、璧帛、采邑、声色打动和引诱他们，以观察贪廉。或称财货、琦玮、珠玉、璧帛以事之。〈飞钳篇〉

18. 量能立势法：量智能，权材力，料气势。〈飞钳篇〉

19. 因事立制术：根据实际情况，制定相应计策。〈忤合篇〉

20. 反忤之术：根据实际情况和对方的计谋制定相应之策。〈忤合篇〉

21. 向背之术：看透形势选择明主。〈忤合篇〉

理财术

22. 量权揣势术：决策前了解世情和"人情"。〈揣篇〉

23. 隐已成事术：做事情要善于筹划，在神不知鬼不觉中加以实施。〈揣篇〉

24. 操钩临渊术：琢磨对方，设下诱饵，钓出实情。〈摩篇〉

25. 谋阴成阳术：一切无声息，事成之后对方才恍然大悟。〈摩篇〉

26. 燃燥濡湿术：事物同类相应。〈摩篇〉

27. 取长补短术：善于发现并利用别人优点。〈权篇〉

28. 多变不变术：在复杂的环境中无论事态如何变化而恪守一种主旨和信念。〈权篇〉

29. 众口铄金术：自己慎言而又会用舆论杀人。〈权篇〉

30. 因性制人术：对付不同性格的人要用不同的手段。〈谋篇〉

31. 三步制君术：取信、阻塞、迷惑上司。〈谋篇〉

第三章 易道管理

32. 欲除故纵术：想要除掉对方先纵容他。〈谋篇〉

33. 为事贵智术：做事要善于用智谋。〈谋篇〉

34. 积弱为强术：处于劣势的弱者要善于调动一切积极因素，从弱变强。〈谋篇〉

35. 阳德术：对事理明显的问题，用公开的方式。〈决篇〉

36. 阴贼术：对于不太光明正大的问题，背地里做手脚。〈决篇〉

37. 蔽匿术：对于暂时吃亏但之后必有大利的问题，要以退为进。〈决篇〉

38. 信诚术：对明显占理但需要第三方支持的问题，靠信誉结交盟友而解决问题。〈决篇〉

39. 平素术：对一般问题，利用对方的思维定式而打破常规解决问题。〈决篇〉

40. 主位术：君王外表要安定从容，内心要胸有成竹，有王者风范。〈符言篇〉

41. 主明术：能够充分调动臣子的积极性，让他们及时汇报下情，做到明察天下。〈符言篇〉

42. 主听术：广开言路，广纳众谏，博采众议。〈符言篇〉

43. 主赏术：明察秋毫，赏罚得当。〈符言篇〉

44. 主问术：要广泛询问，了解多方面情况。〈符言篇〉

45. 主周术：做事要口风严实，注意保密。〈符言篇〉

46. 主参术：安排耳监察外臣，在近臣中建立互相举报制度。〈符言篇〉

47. 主名术：有一套严格的官吏考核制度，奖优罚劣。〈符言篇〉

48. 盛神法龙术：以德滋养五气（神气、魂气、魄气、精气、志气），即效法五龙，使自己的意志和精神旺盛。〈阴符篇〉

49. 养志法龟术：养志要效法灵龟，让自己安静，意志坚实。〈阴符篇〉

50. 实意法蛇术：效法蛇，使心气安静，思虑深远，智通神明。〈阴符篇〉

51. 分威伏熊术：分散敌手的威势时要像猛熊扑人前那样静伏。〈阴符篇〉

52. 转圆法兽术：使计谋像圆体旋转那样无穷无尽，效法猛兽威力无穷。〈阴符篇〉

53. 损兑法蓍术：效法蓍草，用来判断和决定事物的细微征兆和是否危险。〈阴符篇〉

54. 散势鸷鸟术：分散敌手的威势要像凶猛的鸷鸟那样抓住时机。〈阴符篇〉

55. 观人知性术：从对方的外貌和动作探知其内心，推知他的心性品行。〈中经篇〉

56. 美言结人术：用高超的谈话技巧，使对方感到自己可亲可信可交。〈中经篇〉

57. 解斗买友术：对两个弱者之间的争斗，要想办法调停，并进行收买拉拢，使他们成为自己的盟友。〈中经篇〉

58. 坐山观斗术：面对两个强者则不要劝解，反而要离间他们，待他们两败俱伤的时候，再拉拢过来。〈中经篇〉

59. 走人留心术：对离开自己的人，不要反目为仇，反而应该好言相送，拴住他的心，说不定日后有用。〈中经篇〉

60. 打拉并用术：抓住对方的把柄以达到控制对方的目的，使他乖乖附自己。〈中经篇〉

61. 看人买心术：对不同的人要采取不同的收买方式。〈中经篇〉

62. 仁义探心术：用仁义道德律条探知对方的内心世界，判断其是君子还是小人，进而运用权术控制他。〈中经篇〉

63. ※持枢术：掌握事物发展变化的关键。作为领导者要关注人民的生长、养育、事业的成功与收获。〈持枢篇〉

64. ※控制术：立身处世之道贵在控制他人，而不被别人所控制，控制他人就掌握了主动权，而被他人所控制就不能把握自己的命运。〈中经篇〉

65. ※摄心术：遇到好学上进且有一技之长的人，就要多多称誉，使其声名远播，然后验证其技艺的优劣，再惊叹其记忆神奇怪异以警动对方，那么人心就必然归向自己了。〈中经篇〉

66. ※谈要术：与聪慧之人交谈，依靠的是知识渊博；与笨拙之人交谈，依靠的是行其要领；与尊贵之人交谈依靠的是气势；与富有之人交谈依靠的是高雅；与贫穷之人交谈，依靠的是果敢；与卑贱之人交谈依靠的是谦和；与勇敢之人交谈依靠的是果敢；与进取的人交谈依靠的是坚决。〈捭阖篇〉

67. ※天人合一术：事情要取得成功，就一定要合乎天数即自然规律，

达到天道、术数与天时相配合才可以保证成功。〈持枢篇〉

68.※三才术：一曰天，二曰地，三曰人事。了解上下、左右、前后四方各种因素，才能趋吉避凶。相当于现在的系统之理。〈符言篇〉

69.※名实相符术：做事情就循名求实；名当则生于实，实生于理，理生于名实之德，德生于和，和生于当。〈符言篇〉

70.※言忌术：忌语言乏力；忌语无要领；忌语无逻辑；忌吞吐结巴；忌胡言乱语。〈权篇〉

71.转丸术：转丸之术。〈转丸篇〉

72.胠箧术：胠箧之术。〈胠箧篇〉

易道纵横术金口诀：

天地阴阳捭阖悟，

揣摩忤合策万物。

抵巇飞钳决胜负，

摄心阴符纵横术。

五、管理术（管）〔符言篇〕

管理术口诀：符位明赏听，问因周恭名。

1.符言：发言必验，有若符契。故曰符言。

符言者，揣摩之所归也，捭阖之所守也，千圣之所宗也。如符言，故曰符言。

符言者，八卦是也。

乾卦：天行健，君子以自强不息。

管理者要刚健进取，造福天下。

乾 为 天

坎卦：水洊至，君子以常德行，习教事。

管理者要诚信通达，坚定不移。

坎 为 水

艮卦：兼山艮，君子以思不出其位。

管理者要当止则止，言行不超过本分。

艮 为 山

震卦：洊雷震，君子以恐惧修省。

管理者要戒惧慎重，自我反省，进修德业。

震 为 雷

第三章　易道管理

易
道
管
理

巽卦：随风巽，君子以申令行事。

管理者要善于执行上级的指令。

巽为风

离卦：明作离，君子以继明照于四方。

管理者端行正道，光照四方。

离为火

坤卦：地势坤，君子以厚德载物。

管理者要虚怀若谷，德育磊落，坦荡无私。

坤为地

兑卦：丽泽兑，君子以朋友讲习。

管理者要善于使人民相处和好，共得益处。

兑为泽

2. 位：主位，安徐正静，虚心平意。

安：稳重。

徐：从容。

正：公正。

静：沉着。

领导人要能够做到稳重、从容、公正、沉着，心意虚静平定。

现实意义：主位就是如何保持领导人的位置。

3. 明：主明，目贵明，耳贵聪，心贵智。

以天下之目视者，则无不见；

以天下之耳听者，则无不闻；

以天下之心虑者，则无不知。

眼睛以视力清楚为贵；

耳朵以听力灵敏为贵；

心以具有智慧为贵。

而要利用天下人的视力、听力和智慧。

如果用天下人的眼睛来观察一切，就没有什么看不到的；

如果用天下人的耳朵来听取一切，就没有什么听不到的；

如果用天下人的心来思考一切，就没有什么不懂得的。

现实意义：主明就是如何保持明察秋毫。

4. 赏：主赏，用赏贵信，用刑贵正。

实行赏赐以讲信用为贵，实行刑罚以公正为贵。

现实意义：主赏就是讲如何实行赏罚分明。

5. 听：主听，听勿坚而拒之。许之则防守，拒之则闭塞。

听取意见：不要胡乱许诺，也不要胡乱拒绝。

如果随便许诺，对方便会保守自满。

如果随便拒绝，对方便会闭口不说，堵塞了言语。

高山仰之可极，深渊度之可测。

神明之位术正静，其莫之极欤！有主听。

高山再高，抬起头可看到它的顶点，深渊再深，也可以测出它的深度；君主处在最尊贵的位置，只要方法公正而沉着，就没有谁可以探测出他的高深。

现实意义：主听就是讲如何听取意见。

6. 问：主问，一曰天之，二曰地之，三曰人之。

四方、上下、左右、前后、荧惑之处安在？有主问。

上知天文，下知地理，通晓人事，各种因素都明白。

现实意义：主问就是不耻下问，全面了解询问情况。

7. 因：主因，心为九窍之治，君为五官之长。

为善者，君与之赏；为非者君与之罚，因之循理，故能长久。

心主宰器官，君主宰官吏的。做好事，赏；做坏事，罚。因循道理，所以能长治久安。

现实意义：主因就是如何因势利导，调动积极性。

8. 周：主周，人主不可不周，人主不周，则群臣生乱。

做领导的不可以不周全地了解一切。如不周全，群臣就会乱。

现实意义：主周就是做事要缜密而详。

9. 恭：主恭，一曰长目，二曰飞耳，三曰树明。

千里之外，隐微之中，是谓洞。

一要眼看远，二耳听远，三心洞察一切。能了解千里之外。

现实意义：主恭就是洞察验证一切。

10. 名：主名，循名而为，实安而完。

遵名做事，如实决定。

现实意义：主名就是如何把握住名分。

第四章　易道品牌

第一节　易道命名

易道命名金口诀：

企业行业晓，

汉字人文巧。

营销法理行，

国际创意好。

一、行业——符合行业性质、产品功能

二、汉字——符合汉字原理（音律、字义、字形等）

三、人——符合人文地理、地域文化、年龄结构

四、文——符合文化内涵、创意性

五、巧——符合CI原理

六、营销——符合市场定位及营销目标

七、法——符合法律有效性及消费者的认定

八、理——符合太极管理原理

九、行——符合法人五行平衡及环境磁场的要求

十、国际——符合国际品牌统一化

一、行业——符合行业性质、产品功能

一个好的企业品牌应该符合行业性质及产品功能。所谓符合行业性质，就是什么行业的企业命名就要符合什么行业，但要适应时代的发展及市场销售的需要，也要有独特性。现代行业分类越来越细，像电子、信息技术、网络技术、生物工程、生物技术、文化传播、广告、营销策划、科技、科技贸易、科技发展、通信、电器、木材、制药、工程、建筑、运输、化妆品、酒业、饮料、美容、饮食、塑料、制冷、图文设计、印刷、信息咨询、房地产等等。行业越分越细、越来越适应现代生活节奏。所以

一个符合行业特点的好品牌是一个成功的品牌。

关于一个好品牌名称要符合产品的功能这一点，世界各国品牌命名的要求不一样，有的国家允许采用能提示产品信息的词来构成品牌名称，而我国则对这方面要求甚多。例如美国允许用直接描绘产品的词来命名品牌。从国际贸易和营销理论的角度来看，一个品牌名称如果能够说明产品的某种特点，那么这个品牌名称将是一个比较好的命名选择，因为首先它有助于广告传播，能够从名称本身传递商品信息，并且它还能有助于消费者记住该品牌名称，花费少量费用就可以迅速建立起品牌认知度，而一个与提示商品特点是当代国际性品牌的命名趋势和潮流，特别是对于全球销售的品牌来说，这样能够对全球各个市场都有吸引力。

例如：A. 国际品牌：

Duracell（金霸王）、Vitasoy（维他奶）

Electrolux（丽都）、Walkman（随身听）

Nutra Sweet（糖精）、Kool（香烟）

Handi–Wrap（塑料板）、Tropicana（水果产品）

Nescafe（雀巢咖啡）、Mobil（美孚）

Maidenform（媚登峰）、Trinmph（黛安芬）

Wacoal（华歌尔）

B. 国内品牌：

清水丽人（化妆品）、爱迪（内衣小裤）

同仁堂（药业）、索坤（矿业）

秀尔丽（减肥药）、曲美（减肥药）

桂名园（房地产）、顺迪通（航务）

二、汉字——符合汉字原理（音律、字义、字形等）

符合汉字原理，就是中文的音律、字义、字形等原理。中国汉字作为世界上最流行的象形文字，字形、字义的优美可意会，更可言传，其中奥秘令世人称奇，所以中国人注重汉字原理及文字量的暗示力。关于中国汉字的文字量暗示力可参阅我的《破译姓名》从汉字原理上，要讲求字义健康，易于记忆识别，有时代感、有冲击力，让人们对名称品味起来有意味、有深刻内涵，从而有利于传播。或寄托意愿，或描写特征，或构思独特，或意境深远。从音律上要朗朗上口，响彻云霄，发音清越。从字形上

要有创意性，简示明快、端庄厚重，易于识记。把以上三方面融合为一体，就像选择伴侣一样仔细斟酌，把汉字的原理融会贯通，那才是一个好的名字。

在符合汉字原理基础上一个好的中文名应该给人以有益的、美好的联想，如果一个名称不能从构词本身来说明商品的某些特点，那么它最好能够含义优美、富于联想，从而使消费者能够间接地联想到商品的优点。这种品牌名称一般取自人们常见的普通词汇，主要利用这些词汇的内在含义。我国品牌名称中具有这个特点的比较多。如：三九（药业）。字义、音律、字形及联想都非常好。字义上，有独特的创意性。三九（999）品牌一映入眼帘，让人联想起久久长久。在中国传统文化中，"九"这个数字代表大成之数，是非常吉祥的。音律九（jiǔ）同久，为长久不衰。999为更长久。君不见天有九天地有九泉，国有九州，水有九川，学分九流，儒藏九经，官高九卿，亲衍九族，言重九鼎，物美九华。凡此种种，不一而足。从字形上999排列整齐，有独创性。999品牌确为有深蕴的中国传统文化，又有视冲击力，是集音、形、及联想意义于一体的好品牌名称。

也有这样的国际品牌，如：

Shangri-La（香格里拉）　　　　Esprit（时装）

Apple（苹果）　　　　　　　　Suntory（三得利）

Timberland（旅游鞋）　　　　Zippo（打火机）

Colibri（打火机）　　　　　　Carnation（石竹花奶粉）

石竹花（Carnation）奶粉，巧遇出奇名

Carnation（石竹花）是一种老牌奶粉品牌。1899年，E. I. 斯图尔特在华盛顿州的肯特镇成立了一家公司，专门生产奶粉。据说斯图尔特一直想寻找一个令人满意的商量标，来与其奶粉包装设计上随意印刷的鲜艳色彩相匹配。一次外出经商途中，在西雅图附近的一家商店橱窗中，看到一排盒装雪茄，盒上印着一个与雪匣不相协调的商标石竹花（Carnation）牌。这个名称吸引了他，并立即认为这就是他一直在寻找的与自己产品十分相宜的品牌名称。从此，斯图尔特就把公司定名为石竹花。Carnation在英文中是"康乃馨"的意思，用作奶粉商标表示产品的新鲜和优质，是一个优秀品牌命名。该商标现为雀巢公司拥有。

三、人——符合人文地理、地域文化、年龄结构

一个投资者要做生意，首先要选择的可能就是铺面的位置，选择公司的最佳位置，有一个良好的商业环境。他得煞费苦心，但心中还是没有底。

如果您选择的是商业闹市，每天都流动着难以数计的顾客，他们一边逛街，一边购物，每天都有难以数计的生意成交。在这里经商，生意当然容易兴隆。但同样是兴隆，有的铺位好，有的铺位差，这毋庸置疑。原因是什么呢？经商做生意，当然需要车水马龙，热闹非凡，但地理方向的选择很重要。例如北京王府井，长安街向北侧为入口，来自海内外的游客车水马龙从里涌出来。如果做生意的铺面选到这，那肯定无疑会兴旺，人如潮水，水如财。但这时一定考虑到公司的名称与地理方向的联系，且要与之吻合为好。

还有一个方面，一个公司、产品的名称必须考虑到与该地区的风土人情、文化特色、地域人文相吻合。例如"通化东宝药业股份有限公司"，它地处长白山脚下，取东北三宝的精华，"东"乃东北之地。"宝"为三宝的代称，"人参、貂皮、鹿茸角"。合二为一的"东宝"，是非常合乎地域文化和地理人文的，而且还是一个药业股份有限公司，给人的感觉是，此药为东北三宝之地生产，定可为化解百病，自然长寿。所以"通化东宝"这个符合地域文化的名称，是非常成功的。

每个人的五行不同，所处的环境也不同，所以有不同的纳财方位，相合相配的五行情况，即年龄结构的相合，日元以中和平衡为顺，太过不及均为不佳。扶助，生我之印星扶我，同我之星助我。这样五行就趋于平和了。克抑，指以克我之官星抑我，我生之星泄我，我克之财星耗我。日元衰弱，须扶助时，根据忌神多少选取用神。若使两种五行相对立，择其一能使两种五行生化不悖则使五行气势流通的用神。天道有寒暖，地道有燥湿，人采天地之气，故离不开寒、暖、燥、湿影响。人以生日为主，月令为提纲。依日元五行及月支论五行的寒、暖、燥、湿。财为用神，身旺，财才可以为用神，才能富贵发达。正名时，要充分考虑，使之合理化。

四、文——符合文化内涵、创意性

中国经济的复兴，将带来的是文化的繁荣。那么文化的引航，又会给经济发展注入新的能量。

中国有着五千年的灿烂文化，脍炙人口的诗词，风情别致的民谣，儒家的文化，道家的文化，释家的文化，都是我们民族文化底蕴的基础，是我们创文化名牌取之不竭的源泉。述任倡导汲取有民族文化底蕴的好名字。

请看"孔府家酒"这个品牌。把孔子这个儒家的伟大人物汲取出来，叫我们一看非常有民族气节，非常有文化内涵，不但中国人知道，且誉满全球。所类似的有"孔府宴酒"、"孟府宴酒"、"曹雪芹家酒"等，都是以古代人物取名。

现代企业要和国际市场接轨，就得有与国际接轨的品牌。创企业、产品名字也要考虑到国际化。如雅戈尔集团的"雅戈尔"，是英文Younger(青春)的译音。"雅戈尔"有青春朝气，一路欢歌，向未来奔去。如北京泰戈电子公司（Beijing Tiger Electronics Co.）。"泰戈"品牌与英文中Tiger(虎)相合，意为事业勇猛向前。百事德集团（Best Group）的"百事德"品牌与英文Best（最好）的译音相同，产品是最好的。Best的谐音为"百事德"，百事有得。还有乐颐实业有限公司（Louie Industrial Co.,Ltd.）中的Louie同"乐颐"，中英文相同。再看一个，西门子数字程控通信系统有限公司（Siemens Business Communication Systems Limited）中的"西门子"品牌。Siemens中英文同意。

看来一个国际性品牌，最好是中英文发音同，再者，中英文的意义俱佳且合，那是非常完美的。当然中英文发音相同或类似，译成英文又没有什么不好的意义亦可。

如何组合一个公司的名称？主看述任正名公式：

地方（名词）+字号（品牌）+行业性质+所属词

例1：北京朗瑞尔装饰工程、塑料制品有限公司

BEIJING LANG RUI ER DECORATION ENG. CO.,LTD.

其中，"北京"为地方名词，"朗瑞尔"为字号（品牌），"装饰工程、塑料制品"为行业性质，"有限公司"为所属词。

（1）地方名词有的加有的不加。

例2：智得洋行有限公司

GENITEC DEVELOPMENT LTD

其中，"智得"为字号（品牌），"洋行"为行业性质，"有限公司"为所属词。

（2）行业性质有的加，有的不加。

例3：北京新奥特集团

BEIJING NEW AUTO GROUP

其中，"北京"为地方名词，"新奥特"为字号（品牌），"集团"为所属词。

（3）字号（品牌）和所属词是必加上的。

例4：紫竹大厦

BLACK BAMBOO MANSION

其中，"紫竹"为字号（品牌），"大厦"为所属词。

一个公司的名称，只要知道其行业性质，再按照述任取名策划理论，结合述任取名公式是不难命出名的。

附：所属词中英文对译。

公司 Company(co.)

有限公司 Co.,Ltd.

集团公司 Group Company

责任公司 CO.,Ltd.

总公司 Group Corporation

开发公司 Development Co.

贸易公司 Trading Company

实业公司 Industrial Co.

事务所、工作室 Office

集团 Group

工厂 Factory

饭店、宾馆 Hotel

大厦 Building

花园 Garden

服务公司 Services Co.

我国老字号的名称多以一些吉祥、喜庆、和谐的字眼来命名，如元、恒、亨等，体现我国传统人文思想。清代学者朱寿彭总结说，旧时店铺名要体现数量众多，就有万、元、丰；事业持久就用长、恒、久；规模巨大就用元、泰、洪；万事吉利就用瑞、祥、福；发展顺利就用亨、和、协；公平信用就用信、义、仁；生意兴隆就用隆、昌、茂。

旧时民间流传一首商号用字歌：

顺裕兴隆瑞永昌　　元亨万利复丰祥

春和茂盛同乾德　谦吉公仁协鼎光
聚益中通全信义　久恒大美庆安康
新泰正合生成广　润发洪源福厚长

我国一些老字号名称即取自上述商号用字歌，如"全聚德"、"正广和"、"正兴德"、"广茂居"、"祥泰义"、"同仁堂"、"恒源祥"、"瑞蚨祥"、"允丰正"、"谦祥益"、"亨达利"，等等。

五、巧——符合CI原理

为企业、产品设计名称，是CI战略中重要的要素设计内容。因为一个企业，一个产品在它诞生时，赋予一个好名字，可以收到事半功倍之效，为日后广告宣传占领市场奠定基础。名字是有含金量的，名字不断变动被视为企业经营之大忌，使人们对会因企业识别带来的混乱。

（一）什么是CI？

CI是英文Corporate Identity的缩写，Corporate可译成企业、团体的；而Identity一词则有多重意义，如身份、标志、个性、认同、同一（性）等等。一般在中文中，将CI译为企业识别，意即企业形象的统一性策划。

CI的准确性是什么？就是最早采取CI战略的美国、日本等国，也无统一定论。简单地说，CI对内部是运用视觉设计与行为展现，将企业的经营理念和特质视觉化、规格化、系统化，在此基础上实施有效的管理；对外则是企业的形象战略，使企业经营理念形成一个鲜明的概念，经由具体的展现来提升企业在市场竞争中的识别。日本著名的CI设计专家中西元男曾给CI做过如下定义："有意图、有计划、有战略性地展现出企业所希望的形象；就本身来说，通过公司对外来产生最佳的经营环境。这种观念和手法就叫做CI。"

（二）CI的构成要素

CI的内涵非常丰富，一个完整的企业识别系统由三个要素组成，即理念识别（Mind Identity，简称MI）、活动识别（Behavior Identity，简称BI）、视觉识别（Visual Identity，简称VI）这三者之间积压有其特定的内容，相互联系，逐级制约，共同作用，缺一不可。

CI原理与企业（产品）命名

无论是企业还是其产品，最重要的是其象征意义、独创性。"名牌"能否开创出来，名称（品牌）的象征意义和标志也至关重要。

确实，为企业、产品正名是一门大学问，从视觉设计角度来说，其技术有以下几点：

A. 具有独特个性

CI视觉识别系统的目的之一，就是尽可能将企业的个性强调出业，以便迅速扩大影响力，在市场中拥有清晰的形象。企业名称作为企业的脸面更应如此。

企业名称要有个性，至少应尽量避免雷同、重复，北大方正、中国四通、三九（999）、雅戈尔等名称就独具特色。

B. 达到音、意、形的完美统一

为企业、产品取名，通俗地说，要让其好认、好念、好记、好看。企业的名字读感要好，要有冲击力以及浓厚的感情彩，使人听、说、看后不易忘怀。难发音或音韵不好听的字，难写或难认的字，含义或译意不佳的字，字形不美的字都不宜用作企业物名字。可口可乐、百事可乐、宝中宝、健力宝、海魄、宝姿等名称，读来音韵好听，易于记忆，容易博得社会公众的认同。

企业名称要达到音、义、形的完美统一，本身也是适应信息传达的需要。企业名过长，将不利于提高企业知名度，因此在CI设计中，有许多企业将名字缩减。像三菱公司（三菱电器公司）。

C. 具有联想作用

联想，在心理学上说，是人们在事物之间建立暂时联想，留痕迹，以后就由一个事物引起对另一事物的回忆。从积极方面说，联想可以唤起人们对过去的回忆，还可以引发人们对未来的想象。企业名称如能给人以好的、专利的、优美的、高雅的、有教养的等多方面的提示和联想，才能较好地反映出企业的品味，在市场竞争中给消费者带来好的印象。如精工、西铁城等制表企业，能含蓄地表示制表本质的性质特点——工艺精致、计时准确，给人以富有时代气息的感觉；取名娃哈哈的学生口服液，使人能联想到天真活泼身心健康的少年儿童，也含蓄地展示了企业的宗旨。

D. 慎用地名、人名作企业名称

用地名来命名，一般比较适合于生产传统名牌产品的企业如青岛啤酒、贵州茅台、四川郎酒等。以地名为企业名称的缺陷是，它很难造成一种差异，容易出现重复，影响企业知名度的提高。

以人名为企业名，借助于消费者对创业者的崇拜，对名家的崇拜，把特殊的人与企业联系起来引起人们的好感，也并不罕见。如刘晓庆实业开发总

公司、宋佳投资企业有限公司、李春波工作室、松下电器、福特汽车等等。

但以人名正名毕竟是一种给社会公众带有感情色彩的正名方式，如查此人在政治、经济和日常生活有些使人反感的行为，就容易使人联想到他的企业，对发展颇有不利影响。

E. 企业、产品取名应该注意的问题

品牌正名要针对消费对象提示。品牌正名要向消费者描绘出产品形象及其含义，具体规定是：①不宜给非食品产品起可吃型产品名字；②不宜给儿童用品起过于复杂的、文绉绉的名字；③不宜给本国人消费的产品起外国的名字；④不宜给妇女用品起看起来属于男性用品的名字。一句话，新产品的名字必须能与消费者进行交流。

品牌取名要有性能和功能的提示、暗示和象征。如飘柔、海飞丝化妆品，东宝药业，直接表明了产品用途。

F. 企业名称与品牌名称是否统一问题

有人认为CI系统就意味着企业名称和品牌取名的统一，这是一个美丽的误会。其实统一是一种策略，不统一也是一种策略，不能以偏赅全。要具体问题具体分析，该统一的就统一，不该统一的，切不可硬行统一。

所以一个好的企业、产品名称必须结合CI理论。

六、营销——符合市场定位及营销目标

定位是一个新鲜话题，也是各个企业在目前竞争日趋激烈的环境下走出困境的一个有效工具。

定位的精要在于使自己在顾客的心目中形成一个独一无二的形象，使他们能够将自己与同类企业或产品明显地区别一来，并在需要购买这类商品时，第一选择就是自己。

产品越来越多，可买东西的人并不见增加多少。这实在让各位企业当家人发急。只好想尽一切办法吆喝，如大幅度降价、改进性能、附送服务或其他产品之类等，期望博得顾客的回眸一笑，最后能掏钱去买。

问题是，有一个企业这样做了，其他企业也会跟着、学着去做。就像前些日子的微波炉、VCD竞相降价一样。每一个企业都在挖空心思，并紧紧盯着其他企业的动作。有市场优势的想保住优势，没有市场优势的想争取优势，这就是竞争。

定位，简单地说，就是公司或产品在顾客心目中的位置。就是卖思想和梦想。

七、法——符合法律有效性及消费者的认定

一个好的品牌名称应该能在法律上得到保证，能够取得注册，这也是所有商标必须满足的首要条件。品牌命名从法律上来看，必须符合商标法的有关规定，其名称必须是商标法所允许的，例如不能采用国家名字，国际组织名字或其他象征主权的名字。为了确保品牌名称能够顺利地得到注册，选择以前没有同样名称的词及新创词汇，并且在命名时要进行周密的法律调查，看所选名称是否符合商标法的要求，还要看是否有同名品牌存在。

命名机构在命名后要通过一个全国商标查名程序，商标查名之后，再选定提交给客户，这样所有提交的品牌名称均为有效名称。

通过商标查名后，还要进行语言检查及名称测试。

如果你销售的产品是全球性的品牌名称，除了英语的新创词汇的意义好外，不要对其他国家的语言检查，看一看是否所选择的品牌名称在其他语言中有不雅之含义。

名称的测试是指不管你认为某一个名称是如何特别的好，其他人对它都可能有不同观点，因此，你至少要对每个名称进行以下问题的测试：

问：喜欢这个品牌名称吗？与你的产品相贴切并有关联吗？消费者对这个品牌是否认可？消费者能拼写和读它吗？消费者第二天能记住它吗？

通过了法律搜查即商标查名，又通过了消费者的测试，你的品牌名称是一个非常成功的好品牌。

另外，企业的名称还要注意以下符合登记的规定。

（一）如何才能使店名符合登记的有关规定

我国对商号店铺名称的选择，原则是自由的，但法律同时又作出了如下限定：

1. 商号的名称须健康、规范、不得有损国家、社会或公共利益。

禁用名称主要有三类：一是与我国国家名称、党政机关名称等相同或类似的；二是有害于社会主义道德风尚或者有其他不良影响的；带有民族歧视性的。

2. 商号不得同外国国家（或地区）名称相同或相近似。

3. 商号不得同政协委员及国际组织的名称相同或近似。

4. 商号不使用以外国文字或汉语拼音组成的名称。

5. 商号不得使用以数字构成的名称。但不包括以数字顺序构成的企业名称。如上海第九棉纺厂。原用数字构成企业名称的军转民军工企业，办理营业登记时，须使用公开的对外名称。

6. 同行业商号在法定范围内不得雷同。

我国法律界定的商号不得雷同的范围是：（1）商号前冠用市、县、区级行政区划名称的，在该市、县、区所辖行政区域内不得雷同。（2）商号前冠用省、自治区、直辖市级行政区划名称的，在该省、自治区、直辖市所辖行政区域内不得雷同。（3）商号前冠用"中华"、"中国"等全国性名称的，在全国范围内不得雷同。

此外，根据我国法律规定，凡营业主体必须到工商行政管理部门办理登记手续，否则不得开业。而营业主体的商号须随营业登记同时办理登记。

（二）我国对商号登记采用下列原则

1. 强制登记原则

凡营业主体，无论法人、合伙人、个体工商户，须在其开业登记时办理商号登记。商号经登记主管机关核准登记后，即受国家法律保护。未经核准登记的商号不准使用。

2. 登记在先原则

法定范围内两个或两个以上的申请人，就同一经营行业以相同或近似的商号申请登记的，登记主管机关核准申请在先的商号。

3. 分级核定与管理的原则

《企业法人登记管理条例实施细则》第24条第5款规定："登记主管机关对名称登记实行分级管理，按有关专项规定核定和监督。"所谓分级核定与管理，是指核定与管理商号时，冠以何级行政区划名称，由何级工商行政管理部门登记与管理。

4. 主体名称是营业主体的营业名称，为防止欺诈和便于管理，我国法律限定一个营业主体只准使用一个商号名称，"因有特殊原因，经工商行政管理机关核准使用两个名称的，其资金不得重复登记"。

八、理——符合太极管理原理

太极原理是太极思维的产物，也是太极思维的理性表现。太极思维所表示的更深刻的精神和法则，代表了事物的普遍性本质；它所展示的一系列宝贵思想，可以化为人们遵循的原理、原则和方法。自然这些原理和方

第四章　易道品牌

法对于人们从事现代化管理有着不可忽视的积极意义。现代企业、产品正名符合太极原理也是和现代管理的统一。

一个好的企业、产品名称如能符合太极思维的管理原理，那才是更出色的名称呢！

九、行——符合法人五行平衡及环境磁场的要求

企业产品名设计符合企业法人五行平衡及五格纳财方位与环境磁场的要求每个人的五行不同，所处的环境信息流磁场不同，五格纳财的方位也就不同，自然在企业（品牌）命名时要考虑企业法人五行平衡及五格纳财方位的相合，以及与环境信息流磁场的相符。相合相配的五行情况，即法人的出生年月日时中，日元以中和平衡为顺，太过或不及均为不佳。扶助，指生我之印星扶我，同我之星帮我，我克之财星耗我。日元衰弱，须扶助时，根据忌神多少选取用神。若使两种五行相对立，择其一能使两种五行气势流通的用神。天道有寒暖，地道有燥湿，人采天地之气，故离不开寒暖燥湿的影响。人以生日为主，月令为提纲。依日元五行及月支论五行的寒暖燥湿影响。财为用神，身旺，财才可以为用神，才能富贵发五格纳财方位。一个品牌有五格之总论，详见我的《取名策划》一书。

十、国际——符合国际品牌统一化

企业产品名设计符合国际品牌一体化。

21世纪的市场竞争是产品的竞争，是质量的竞争，是服务的竞争，但更是形象的竞争，是品牌的竞争。可以毫不夸张地说，在这场激烈的竞争中，谁拥有更多的国际性品牌，谁就赢得了胜利。

品牌的创立是一个系统工程，里面包含各方面的因素和努力。但品牌的创立是从命名开始的，一个成功的品牌命名对品牌的创立有很大的促进作用，反之则有阻碍作用。一个好的品牌名称意味着它能便于推广和传播，而一个不合理的品牌名称则意味着要花双倍，甚至更多的广告费用去宣传它。

对于我国品牌的命名来说，不但要设计出具有汉字美感的品牌名称来，而且一个重要的问题就是汉字品牌名称的国际化。

那么汉字品牌如何才能走向国际化呢？

例如名人轩（Okname）命名机构是这样做的：

采用西方文字（英语）来构成新品牌名称，不拘泥于其原来的汉字意义。具体地说，就是利用西方文字国际品牌的构成特点，创造性地重新设

计新品牌名称，这个名称可以和其原来汉字有某些方面的联系，如读音相近，但它必须符合国际品牌命名特征，并且最好能够提示商品或企业的某些信息。

名人轩（Okname）命名的品牌：

Assai(艾诗雅化妆品)　　Linse(联世传播)

Sound(帅昂地板)　　　　Shinto(参童饮品)

Solace(秀尔丽减肥胶囊)　Rock(蓉坤农业)

Jingbang(集芝宝)　　　 Safe(思孚木业)

Bothe(宝神药业)　　　　Sensoble(神寿宝茶)

国内的优秀命名：

Maxam （美加净）　　　Frestech （新飞）

Hisense （海信）　　　 Serene （西泠）

Irico （彩虹）　　　　　Younger （雅戈尔）

上海美加净（MAXAM）是中国驰名商标，创立于20世纪70年代。产品有牙膏、香皂、化妆品等日用消费品。"美加净"这三个字能说明产品的特点，同时它的英文名称是MAXAM是一个比较符合国际惯例的品牌名称。它本身无词汇上的意义，是一个新创词，看上去是来源于Maximum（最大）。它左右对称，显著醒目。

这个商标有一段曲折的历史。1989年，上海家化与英国联合利华合资，美加净被英方出资买断打入冷宫，目的是扼杀中国这个优秀品牌。今天中方又斥巨资把它买回，使它成为一个值得骄傲的品牌。

汉字品牌名称的国际化并不是一种简单的翻译，而我国过去大部分品牌名称国际化时却往往犯这一错误。汉字品牌名称的国际化方法应该遵循当代国际品牌的命名原理和方式，结合西方语言特点和国际品牌的特点，创造性地设计出既符合西方语言规则又符合国际品牌发展趋势的新品牌名称来，名人轩（Okname）命名机构这么多年一直致力于新品牌命名探索，为中国品牌国际化开辟了一条新路。

易道品牌金口诀：

企业行业晓，

汉字人文巧。

营销法理行，

国际创意好。

第四章　易道品牌

易
道
管
理

企业品牌命名创意、标志创意、嵌名联创意案例：

例1：出水莲化妆品品牌（命名创意、标志创意、嵌名联创意）

"出水莲"化妆品品牌命名创意：

地理位置：北京市

行业性质：化妆品、洗涤用品

企业理念：以高定位、高品质、高发展为理念，创世界一流品牌企业

创意定位：高雅脱俗，适应行业性质，易于识别，易于传播，声名显赫又兴旺发达的艺术效果

法　　人：潘先生

生　　辰：阴历1973年2月8日

创意分析：

癸丑　　　　乙卯　　　　丁未

水土　　　　木木　　　　火土

五行之中：2木; 2土; 1火; 1水。

创意风暴：

A品牌部分命名：

定名：出水莲

①意蕴：

出水莲：出水莲花雅，清风碧荷香。

②音律：chu;shui;lian, 阴平；上声；阳平。音律和谐，朗朗上口。

③CI原理：

易写、易叫、易记、易懂，符合行业性质及纳财方位。有利于广泛传播及联想，有利于大众识别，创品牌效应。

④美学原理：

字义优美，韵律动听，意境悠远。

⑤太极原理：

符合"天人合一"之理，"天人合一"之理表明：表示宇宙、天地、自然与人类社会处在一种互相联系，互相依傍的关系之中。人是宇宙和自然长期进化的产物，因此，人就不会完全摆脱宇宙、自然法则的制约。人的生存，人的发展，人的文明化要依赖于物质世界，并且，人要与之发生永恒的关系。"合一"既表明了天人受同样法则的制约和规范，又表明了人对天的依赖性。

B. 品牌部分命名：

1. 香花送

香花送：天连碧树春滋雨，地满红香花送风。

2. 花思音

花思音：探花思音美，花香满楼台。

以上名称，经过查询不重复，可以在第3类、第35类中进行商标注册。

出水莲—香花送—花思音

定名：出水莲

综合定名：出水莲化妆品、洗涤用品

"出水莲"化妆品品牌标志创意：

"出水莲"化妆品品牌嵌名联创意：出水莲花雅，清风碧荷香。

例2：中华好名网"okname.cn"（命名创意、标志创意、嵌名联创意）

CHUSHUILIAN
出 水 莲

中华好名网"okname.cn"命名创意：

法人：Mr. Zhang

生辰：密

企业理念：符合行业特点，创自己的品牌，达到易于识别，于传播；简洁、明快、生动、有吸引力的好品牌。

创意定位：定位标准宜符合行业性质，体现产品性能，达到易于识

别，利于传播，实力，稳重，权威，大器，有时代感，有吸引力，冲击力，别具一格。

创意风暴：

△okname. cn： "ok"汉译为"好、行、没问题"。 "name"汉译为"名字"okname. cn就是指好的网名，畅通无阻，迅捷，快速。

△goodname. com： "good"汉译为"好的"。指好的网名。

△veryname. com： "very"汉译为"好"。指好的网。

定名：

A. okname. cn

B. goodname. com

C. veryname. com

（1）汉字原理

okname. cn： "ok"汉译为"好、行、没问题"。 "name"汉译为"名字"okname. cn就是指好的网名，中华好名网。

（2）CI、美学原理

符合行业性质及高科技信息技术类公司的创意，有利于识别传播，有利于创品牌。

（3）周易太极思维原理

符合周易太极思维的简易之理；古人云：易者言生之。

德，有易简义。系辞传：易则易知，简则易从。凡是繁难之事，往往有最简单的本质和规律的存在，人们谋事之时要求简求易。即要探究寻找恰当的，适宜的，方便的正确方法。因为正确的"方法"是一切科学的"真谛"，是一切科学精神的"精髓"，也是把握事物法则的根本道路。所以寻求正确的方法，是为事之根本。

（4）法律商标调查

在正式选定品牌名称之前，强烈建议你进行商标调查。可以委托商标法律师来进行，或自己查阅商标公告看是否有同名存在，或者是否有同类产品的相似品牌名称存在。通过法律商标调查"okname. cn"等均未重名。

（5）语言测查

通过语言检查， "okname. cn"没有不良的语言暗示，是一个好的名称。

（6）名称测试

D. 问：您认为"okname"是什么行业名称?

答：是网络名称。

E. 问：您认为"okname"有没有不良的联想？

答："okname"没有不良的联想。

F. 问：在网名中"okname"好不好记忆？

答：非常易记。

综上所述：

定名：

A. "okname"品牌

B. OKNAME中华好名网

中华好名网"okname. cn"标志创意：

中华好名网"okname. cn"嵌名联创意：中华仁义礼智信，名网福禄寿禧财。

例3：万达集团（命名创意、标志创意、嵌名联创意）

"万达集团"命名创意：

地理位置：山东。

注册资金：略。

法　人：Ms. Sun

生　辰：略

所属性质：民营。

企业理念：争创一流品牌集团，一流企业，让消费者留下良好的口碑。

创意定位：定位标准宜适合行业性质，企业理念。

创意风暴：

△万达（15+16=31 大吉）：万千通达。

△博源：博，多，大。源，源泉。地大物博，财源广进。

△丰博：丰盛博大，丰，丰厚，多；博，亦多，大。

定名：

A. 万达集团；

B. 博源集团；

C. 丰博集团。

（1）汉字原理（以A为例）

①意蕴：

万达：万千通达。

②音律：下声；阳平。音律明快，朗朗上口。

音、形、义搭配得当。

（2）CI原理

万达，一个生机勃勃，充满活力，蓬勃发展的企业形象跃入人们的脑海中，印象鲜明而深刻。

万达，从视觉识别上讲，易于识别，易于记忆，利于创品牌。

（3）美学原理

音美、字美、意蕴美。

（4）太极思维原理

万达，符合元之理。易干文曰："元者，善之长也。"元的含义为善，为长、为始、为首、为大等。元为善，则通仁；元为始，则通天。元者乃是生成万物之源，元为施生之宗。为振奋之精神。

万达是一个符合行业性质，从各方面论证者是完美如意吉祥易于创品牌的好名字。

最后定名："万达"集团

"万达集团"标志创意：

WANDA GROUP

万达集团

山东万达集团公司

"万达集团"嵌名联创意：万里江山万里天，通达世界达无限。

例4：圣瑞SUNRISE物业管理（命名创意、标志创意、嵌名联创意）

"圣瑞SUNRISE"物业管理命名创意：

地理位置：北京

行业性质：物业

企业理念：国际化，善利万物，和谐自然。

创意定位：适合行业性质，易于识别，易于传播，有利于国际化的品牌创意。

法人：Mr. Sun

生辰创意：

壬寅，戊申，辛丑，己丑

水木，土金，金土，土土

1木，4土，2金，1水。

创意风暴：

圣瑞、锦福、迈融、善道、鼎瑞、

千江、汉瑞、富国、德瑞、普德。

SUNRISE

A品牌部分命名：

定名：圣瑞SUNRISE

(1)意蕴：

圣瑞：德厚圣明、和谐祥瑞。

意在突出所经营行业性质。

行业管理者要具备无穷的德行，即主要是要有高瞻远瞩的战略眼光，全心全意造福社会的崇高品德，不计个人恩怨、得失，负载万物，包容一切的高尚志德。

(2)音律：

SHENGRUI 去声、去声。掷地有声、音律和谐，朗朗上口。

(3)CI原理：

易写、易叫、易记、易懂，符合行业性质及纳财方位。有利于广泛传播，有利于大众识别，有利于国际化，创品牌效应。

(4)美学原理：

字义优美，韵律动听，意境悠远。

(5)太极原理：

符合"天人合一"之理，"天人合一"之理表明：表示宇宙、天地、自然与人类社会处在一种互相联系，互相依傍的关系之中。人是宇宙和自然长期进化的产物，因此，人就不会完全摆脱宇宙、自然法则的制约。人的生存，人的发展，人的文明化要依赖于物质世界，并且，人要与之发生永恒的关系。"合一"既表明了天人受同样法则的制约和规范，又表明了人对天的依赖性。符合"君子以厚德载物"之理。

(6)法律性：

通过在第36类、37类别商标查询，可以注册。

B品牌部分命名：

1. 圣瑞：德厚圣明，和谐祥瑞。

2. 锦福：锦绣乾坤，福运绵绵。

3. 迈融：豪迈精进，融思通达。

4. 善道：善利万物，道法自然。

5. 鼎瑞：鼎立厚德，和谐详瑞。

6. 千江：千江有水千江月，万里无云万里天。

7. 汉瑞：汉族精神，和谐祥瑞。

8. 富国：富泽天下，国祥家和。

9. 德瑞：厚德载物，和谐详瑞。

10. 普德：普德润众，吉祥如意。

"圣瑞SUNRISE物业"名释

——德厚圣明，和谐祥瑞

圣：为"圣"的简化字，从又，从土。表示勤劳、劳动、淳厚智慧。《康熙字典》上说：于事无不通谓之圣。"圣"代表了一种至高无上的境界，"圣"是对所崇拜事物的尊称，如：神圣、圣地。

圣人都是勤勉不息、孜孜不倦、不畏劳苦的人，拥有淳厚的人品，过人的智慧，自强不息，厚德载物。所以"圣"是受人尊敬、崇拜。

瑞：从王、从玉，王者政善治，端正态度，通晓民本之理，一心一意为民众考虑，这是走向祥瑞之兆。玉是财富、信仰的象征。

中国传统文化中一个很重要的思想就是"天人合一"，即天地间各种现象和事物都可以与人类本身以及人类社会相应。所以美好、令人高兴的事物常被形容为"瑞"，即吉祥之物，能带给人们吉祥和幸福，展示了中华民族追求幸福生活一种美好憧憬。

圣瑞物业：德厚圣明，和谐祥瑞。在物业维修、设备管理、环境管

理、安全管理等方面，都打造一流的品牌，一流的服务。在创造和谐社会的今天，使我们的物业呈现和谐祥瑞。

圣瑞的目标是：选择正确的行动方位，在一定的空间范围内，明确企业的发展目标，树立正确的企业理念，做到"仰则观象于天，俯则观法于地，近取诸身，远取诸物"，行为通达而行于正道，既有高瞻远瞩的战略眼光，又有包容一切的高尚志德，运行不息而前进无疆，打造一个全心全意造福社会的物业。

圣瑞SUNRISE：德厚圣明，和谐祥瑞。

定名：圣瑞SUNRISE

综合定名：北京圣瑞物业管理有限公司

"圣瑞SUNRISE"物业管理标志创意：

"圣瑞SUNRISE"物业管理嵌名联创意：德厚圣明，和谐祥瑞。

例5：第一好吃网（www.1okeat.com）（命名创意、标志创意、嵌名联创意）

第一好吃网（www.1okeat.com）命名创意：

地理位置：北京市

行业性质：饮食网

企业理念：以高定位、高品质、高发展为理念，创世界一流品牌企业。

创意定位：高雅脱俗，适应行业性质，易于识别，易于传播，声名显赫又兴旺发达的营销效果。

法　人：Ms. SongHong

生　辰：阴历一九七二年七月初五未时

创意分析：

壬子；戊申；丙子；乙未；

水水；土金；火火；木土。

五行之中，1木；2火；2土；1金；2水。

创意风暴：

A品牌部分命名：

定名：第一好吃网

www. 1okeat. com

www. 1okeat. cn

www. 1okeat. net

www. 1okeat. com. cn

1. CI原理：

易写、易叫、易记、易懂，符合行业性质及纳财方位。有利于广泛传播及联想，有利于大众识别，创品牌效应。

2. 美学原理：

字义优美，韵律动听，意境悠远。

3. 太极原理：

符合"天人合一"之理，"天人合一"之理表明：表示宇宙、天地、自然与人类社会处在一种互相联系，互相依傍的关系之中。人是宇宙和自然长期进化的产物，因此，人就不会完全摆脱宇宙、自然法则的制约。人的生存，人的发展，人的文明化要依赖于物质世界，并且，人要与之发生永恒的关系。"合一"既表明了天人受同样法则的制约和规范，又表明了人对天的依赖性。

B品牌部分命名：

(1) 中国好吃网

www. chinaokeat. com

www. okeat. org

www. CNokeat. com

(2) 吃神网

www. EATshen. cn

www. EATshen. com

www. EATshen. net

www. chishen. net

(3) 大吃二喝网

www. 1chi2he. com

www. 1chi2he. cn

www. 1chi2he. net

(4) 好吃喝网

www. haochihe. net

(5) 馋猫网

www. chanmao. net

以上名称，经过查询不重复，可以在第42类中进行商标注册。

定名：第一好吃网：www. 1okeat. com

第一好吃网（www. 1okeat. com）标志创意：

第一好吃网（www. 1okeat. com）嵌名联创意：今天上哪吃？第一好吃网！

第二节　易道标志设计

标志设计的方法：

标志设计，主要根据是否在国家商标局注册，是否国际化。在结合行业特征，产品性能，符合产品属性。

述任经过多年的潜心研究，根据行业、图形、色彩、数字、美学、市场、识别、易理、名称、字母及创意性，最后适当定位。

综合分析，设计一个别具一格，易于识别，易于传播，利于品牌发展得好标志，以文化底蕴，创世界名牌。详见张述任老师专著《取名策划》、《起名——企业产品设计学》、《名利双收》、《吉祥品牌——中国商号学》等。

张述任老师《名利双收》、《标志轩》中认为，好的标志设计要符合以下十一个方面：

1. 符合行业

吉祥标志符合行业理念。即什么行业设计什么样的标志。建筑业、房地产、科技、商贸等行业要硬朗一些，化妆品、美容院、酒业、矿泉水等行业要偏软一些。总而言之，符合告行业特点是非常重要的。

如：爽然葡萄酒标志

吉林通化爽然葡萄酒公司

2. 符合图形

吉祥标志符合图形理念。即什么公司用什么类型的图形。图形可分方形、长方形、圆形、三角形、流线型。一般方形属土，长方形属木，圆形属金，三角形属火，流线型属水。那么什么类型的公司就用什么类型的属性。但可用生它的属性和它克制的属性。

如：天健龙建材标志

北京天健龙建材科技有限公司

3. 符合色彩

色，即为颜色。吉祥标志符合颜色理念。所谓颜色理念，即什么公司用什么样的颜色。一般情况青色、绿色属木，红色、紫色属火，黄色、橙色属土，白色、杏色属金，黑色、蓝色属水。根据现有的公司的属性可选择相合的颜色。但可用生它的颜色和它克制的颜色。

如：元基源生物标志

北京元基源生物工程有限公司

4. 符合数字

吉祥标志符合数字理念。所谓数字理念就是什么公司用什么样的数字。一般情况3、8属木，2、7属火，5、10属土，4、9属金，1、6属水。根据现有的公司属性可选择相合的数字。但可用生它的数字和它克制的数字。

如：驭威汽车配件标志

5. 符合美学

吉祥标志符合美学理念。所谓美学理念，就是符合审美情趣，有美感。

如：保民祥大药房标志

易道管理

6. 符合市场

吉祥标志符合市场理念。所谓市场理念，就是有利于传播、有利于推广、市场效应好。标志就是Logo，一眼就可以记住，这就是市场理念。

如：标志轩标志

7. 符合识别

吉祥标志符合识别理念。所谓识别理念，就是容易与其他的标区分开，有独特性、创意性、艺术性。

如：恒均混凝土标志

北京恒均混凝土有限公司

8. 符合易理

易，易理。吉祥标志符合易理理念。所谓易理理念，就是符合天人合一、阴阳和谐、五行平衡的理念。

如：易道书院标志

9. 符合名称

吉祥标志符合名称理念。所谓名称理念，就是汉字原理。吉祥标志能反映出汉字的寓意。

如：名人轩标志

10. 符合字母

吉祥标志符合字母理念。所谓字母理念，就是英文字母或拼音字母的和谐统一。也以说是英文字母缩写或拼音字母缩写的和谐统一。

如：正和药业标志

11. 符合和谐

以上十点的和谐统一，即是一款吉祥标志。

如：我的网标志

标志设计注意事项：

标志设计提供资料：企业名称、行业性质、经营范围、企业文化及企业领导人对标志设计的要求。

总结一下：

标志金口诀：

行业图形色，

数字兼美学。

市场识别易，

名称字母和。

那就可以设计好标志了。

第三节　易道商标注册

一、什么是商标?商标有什么特点和作用?

在各国的法律规定中，商标的定义并不完全一样，但对于商标实质的理解是一样的，一般认为：商标是商品生产者、经营者或者服务的提供者使用在其商品或服务中的用来区别于其他生产者、经营者的商品或服务的一种显著标志。这种标志通常用文字、图形、文字与图形的组合构成。

关于商标的特征，归纳起来有如下几点：

①商标是商品或服务的标志。任何一个商标都要同某个商品或服务结

合在一起，否则就不可能起到标明来源和树立商誉的作用。

②商标是商品生产者或经销者专用的标志。它是企业信誉的象征，不允许别人侵犯或损害，不允许出现混淆或误认，即商标具有排他性。

③商标可以通过树立信誉，标出商品的特定质量，它可以向消费者提供商品信息，使消费者认商标购货，即商标具有竞争性。

商标与装潢存在区别：商标是直接用于商品上的标志；而装潢，顾名思义，它是商品包装上的装饰，其目的是为了美化商品，吸引顾客购买。装潢与商标的作用不同，商标是区别商品业源的标志；装潢是装饰、美化、说明商品。商标是专用的，一般很少改变；而装潢不是专用的，它可以根据市场需要，随时加以变动和改进。

商标与商号的联系与区别：商标是区别不同企业生产的商品的标志；而商号(即厂商字号或企业名称)则是商品营业活动上的名称，其作用是将自己的营业与别人的营业区别开。商标的专用权在全国范围内长久起作用；而商号登记后的效力一般只局限于某一地区。在距离遥远的不同地区，两个商号采用相同或近似的名称，实际上并不会导致公众误认。有些商号历史悠久，誉满全国，久而久之也起到代表企业信誉的作用，如北京的"同仁堂"、"东来顺"等。我国的商号名称依照《企业名称登记管理规定》进行登记后，可以得到一定的保护，其他企业不得重名。

商标的作用主要有以下四个方面：

①表明商品或服务的来源。企业将自己生产的商品或提供的服务投入市场以后，通过商标把本企业的商品或服务与他人的商品区别开业，消费者只要熟悉了某种商品或服务的商标，也就搞清楚了该商品或服务是哪个企业生产的或者经营的。

②帮助消费者认牌购货。市场上的商品或服务琳琅满目，同一种类的商品或服务也形色各异。而有了商标这块牌子，消费者就可以通过商标的识别来区分不同的商品或服务，从而根据自己的消费习惯和经济条件选择适合自己需要的商品或服务。

③促进商品生产者或者经营者之间的正当竞争。信誉良好的商标，其竞争力强，在竞争中必然取得胜利；反之，信誉差的商标，其竞争力弱，竞争的结果必然丧失在市场中的地位。因此，为了增强商品或服务的信誉，经营者必然要展开激烈的市场竞争，提高商品或服务的质量，力创名牌，以增加自己商品或服务的市场份额。

④广告宣传。商标的文字、图形简单明了，易于记忆，且一般比较醒

第四章　易道品牌

目。故而，商标本身就具有广告宣传的功能。在宣传中，如果把商标放在显著位置，突出展现，则进一步增强了广告效果。这样消费者只需要从广告显示的商标上，便能够判断商品或服务的质量、价格、性能、信誉等，从而决定是否选择。可以说，宣传商标是商品生产者提高其商品或服务知名度的最佳途径。

二、什么是注册商标？

注册商标是指经过商标主管部门依照法定程序核准注册的商标。注册商标包括商品商标、服务商标和集体商标。商标注册人享有商标专用权，受法律保护。商标主管机关的《商标注册簿》是确认注册商标的法律依据。注册商标的法律凭证是商标主管机关颁发的《商标注册证》。《商标注册证》由注册商标所有人保存。

《商标法》第9条规定，商标注册人有权标明"注册商标"或者注册标记。《商标法实施细则》第26条进一步规定了注册标记的使用方式，即在商品上不便标明注册标记的，应在商品包装、说明书以及其他附着物上标明。

国家规定必须使用注册商标的商品，必须申请注册商标，未经核准注册的，不得在市场上销售。

三、哪些文字、图形不得作为商标使用？

根据商标法规定，下列标志不得作为商标使用：

①同中华人民共和国的国家名称、国旗、国徽、军旗、勋章相同或者近似的，以及同中央机关所在地特定地点的名称或者标志性建筑物的名称、图形相同的；

②同外国的国家名称、国旗、军徽、军旗相同或者近似的，但该国政府同意的除外；

③同政府间国际组织的名称、旗帜、徽记相同或者近似的，但经该组织同意或者不易误导公众的除外；

④与表明实施控制，予以保证的官方标志、检验印记相同或者近似的，但经授权的除外；

⑤同"红十字"、"红新月"的名称，标志相同或者近似的；

⑥带有民族歧视性的；

⑦夸大宣传并带有欺骗性的；

⑧有害于社会主义道德风尚或者有其他不良影响的。

县级以上行政区划的地名或者公众知晓的外国地名，不得作为商标。但是，地名具有其他含义或者作为集体商标、证明商标组成部分的除外；已经注册的使用地名的商标继续有效。

四、什么是商标权？

商标权是指商标所有人在法律规定的有效期内，对其经商标主管机关核准注册的商标享有的独占的、排他的使用和处分的权利。只有经商标局核准注册的商标，才享有商标权并依法予以保护。商标权的取得，我国实行统一注册原则和申请在先原则。

五、个体经营者能否成为商标权人？

商标权人，即商标权的主体，是指依法享有商标所有权的人。必须具备法律规定的条件，才能成为商标权人。

关于什么人可以成为商标权人，我国《商标法实施细则》第2条规定："商标注册申请人，必须是依法成立的企业、事业单位、社会团体、个体工商户、个人合伙以及符合商标法规定的外国人或者外国企业。"具体来讲，个体工商户是指："依照国家的有关法律、法规，在工商行政管理部门登记取得合法资格的以家庭财产或者个人财产从事生产经营活动的个体工商业者。"新修订的《商标法》也对商标注册申请人的资格作出了规定："自然人、法人或者取得商标专用权的，应当向商标局申请商品商标注册。自然人、法人或者其他组织对其提供的服务项目，需要取得商标专用权的，应当向商标局申请服务商标注册。"

据此，我们知道，个体经营者与企业、事业单位、社会团体一样，都可以拥有商标权，成为商标权人，受到法律的保护。

六、商标权人享有哪些权利？承担哪些义务？

我国商标法明确规定了商标权人的权利和义务，广大个体经营的商标权人应当依照法律规定维护好自己的权利，同时也正确履行义务。

①商标权人的权利包括：

a. 占使用权。商标一经国家商标管理机关核准注册，商标权人即享有在一定范围内对其注册商标完全的独占使用权。所谓独占使用权，就是指他人未经注册商标所有人的许可，不得在同一种商品或者类似商品上使用该注册商标或者与该注册商标相近似的商标。否则，即构成商标侵权，商标权人枵以请求工商行政管理机关依法处理或者向法院起诉。

易道管理

b. 许可使用权。商标权人可以将其注册商标许可他人使用，并因此而获得报酬。根据许可人(商标权人)与被许可人(商标使用人)签订的使用许可合同，商标权人可以保留自己对商标的使用权，也可以放弃使用权，由被许可方独占使用或者多人同时使用商标。无论商标权人保留或者是放弃使用权，商标的所有权人仍然是原来的商标注册人。在商标许可使用条件下，仅仅是商标的使用权发生转移，所有权并没有发生变化。

c. 商标转让权。转让注册商标，是商标权人根据商标法规定的程序将商标所有权转让给他人的法律行为。商标权转让后，原商标注册人，即商标权人则丧失对注册商标的一切权利，商标所有权转移给新的商标权人，注册商标本身没有发生变化，而注册商标的所有者发生了变化。

d. 续展权。商标续展权是指商标所有权人向商标局申请延长商标保护期限的权利。根据我国商标法，注册商标权的有效期是10年。如果商标权人希望继续使用注册商标，继续维持商标权，可以在商标权有效期届满前申请续展。商标续展权是商标权人享有的一项非常重要的权利。通过续展权，一件商标的生命力可以无限延长，换句话说，商标权的保护期限可以通过行使续展权而远远超过专利权和著作权的保护期限。其关键是注册商标所有权人要提高商标权保护意识，珍惜得来不易的商标专权，充分利用商标法赋予其的权利，使商标这一无形资产发挥作用。

②商标权人的义务：

a. 使用注册商标，许多国家的商标法规定，已经实际命名用的商标才能注册，或者商标在核准注册后一定期限内必须使用，否则将丧失商标权。我国商标法规定，商标经核准注册后，连续3年停止使用的，任何人都可以向商标局申请撤销该注册商标。商标的使用，包括将商标直接使用于商品上、商品包装或者容器上以及有关的商品交易文书上，或者将商标使用在广告宣传、展览以及其他业务活动中。使用注册商标时应当注明"注册商标"字样或者标明注册标记。

b. 保证使用注册商标的商品或服务的质量。注册商标由于长时间的使用，其法律状态比较稳定，在广大消费者心目中可信度比较高；而且，具备法律稳定性的注册商标所代表的商品或服务的质量也应该具有一定的稳定性。因此，商标权人和商标的使用者有义务保证其生产经营的商品或服务的质量，不得欺骗消费者。这一项义务对商标权人同样重要。在商标许可使用中，商标权人必须慎重选择被许可使用人，并随时对使用其注册商标的产品或服务的质量实施监督，绝不允许只顾获得经济利益而损害消费者。

七、个体经营者怎样申请商标注册?

《商标法》及《商标法实施细则》都对商标注册的申请程序作出了较全面的规定。申请程度一般包括如下几个方面:

①申请商标注册,应按规定的商品分类表填报使用商标的商品类别和商品名称。

②商标注册申请人在不同类别的商品上申请注册同一商标的,应当按商品分类表分别提出注册申请。

③注册商标需要在同一类的其他商品上使用的,应另行申请注册。

④注册商标需要改变其标志的,应当重新提出注册申请。

⑤注册商标需要变更注册人的名称、地址或者其他注册事项的,应当提出变更申请。

⑥商标注册申请人可以委托国家工商总局认可的商标代理组织代理申请,也可直接办理申请。

⑦申请商标注册,应当向工商局提交下列材料:a.《商标注册申请书》一式四份。b.商标代理人委托书一式二份。c.黑白墨稿商标图样20份;指定颜色的彩色商标,应交送着色图样20份,黑白墨稿1份。商标图栏必须清晰,便于粘贴,用光洁耐用的纸张印制或者用照片代替,长和宽应当不大于10厘米,不小于5厘米。d.缴纳申请注册费用汇款单影印3份(一份申请应按规定缴纳一份费用)。汇款人名称必须与申请人名称一致。e.营业执照复印件一式三份。上述材料齐备后一并送交工商局商标科审核办理。

⑧商标注册的申请日,以商标局收到申请文件的日期为准。申请手续齐备并按规定填写申请文件的,编写申请号,并发给《受理通知书》。

八、商标注册申请及其他有关事项需缴纳哪些费用?标准如何?

根据国家计委、财政部下发的计价格[1995]2404号《关于商标业务收费标准的通知》,商标业务收费项目及标准如下:(单位:件)

①受理商标注册费为1000元,限定本类型10个商品和服务项目,10个以上(不含10个),每超过1个,另加收100元。

②受理集体商标注册费为3000元。

③受理证明商标注册费为3000元。

④受理补发商标注册证费为1000元(含刊登遗失声明费用)。

⑤受理转让注册商标费为1000元。

第四章　易道品牌

⑥受理商标续展注册费为2000元。

⑦受理商标评审费为500元。

⑧商标评审延期费为1500元。

⑨商标异议费为500元。

⑩变更费为500元。

⑪出据费为100元。

⑫撤销商标费为1000元。

⑬受理认定驰名商标费为5000元。

⑭商标使用许可合同备案费为300元。

九、哪些行为属于商标侵权行为？

有下列行为之一的，属于侵犯注册商标专用权：

①未经商标注册人的许可，在同一种商品或者类似商品上命名用与其注册商标相同或者近似的商标的；

②销售侵犯注册商标专用权的商品的；

③伪造、擅自制造其他人注册商标标识或者销售伪造、擅自制造的注册商标标识的；

④未经商标注册人同意，更换其注册商标并将该更换商标的商品又投入市场的；

⑤给他人的注册商标专用权造成其他损害的。

十、在商标使用中存在哪些违法行为？

使用注册商标，有下列行为之一的，由商标局责令限期改正或者撤销其注册商标：

①自行改变注册商标的；

②自行改变注册商标的注册人名称、地址或者其他注册事项的；

③自行转让注册商标的；

④连续3年停止使用的。

使用未注册商标，有下列行为之一的，由地方工商行政管理部门予以制止，限期改正，并可以予以通报或者处以罚款：

①冒充注册商标的；

②违反商标禁用条款的；

③粗制滥造，以次充好，欺骗消费者的。

十一、商标注册申请须知

自然人、法人或者其他组织对其生产、制造、加工、拣选或经销的商品或者提供的服务需要取得商标专用权的，应当依法向国家工商行政管理总局（以下简称商标局）提出商标注册申请。狭义的商标注册申请仅指商品和服务商标注册申请、商标国际注册申请、证明商标注册申请、集体商标注册申请、特殊标志登记申请。广义的商标注册申请除包括狭义的商标注册申请的内容外，还包括变更、续展、转让注册申请，异议申请，商标使用许可合同备案申请，以及其他商标注册事宜的办理。

国内的申请人办理各种商标注册事宜有两种途径：一是直接到商标局办理；二是委托国家认可的商标代理机构代理。两种途径的主要区别是发生联系的方式不同和提交的书件稍有差别。在发生联系的方式方面，直接到商标局办理的，在办理过程中申请人与商标局直接发生联系；委托商标代理机构办理的，在办理过程中申请人通过商标代理机构与商标局发生联系，而不直接与商标局发生联系。在提交的书件方面，直接到商标局办理的，申请人除应提交的其他书件外，应提交经办人本人的身份证复印件；委托商标代理机构办理的，申请人除应提交的其他书件外，应提交委托商标代理机构办理商标注册事宜的授权委托书。国内的申请人直接办理商标注册事宜的，应到商标局的商标注册大厅办理。

外国人或外国企业在中国办理商标注册事宜必须委托商标代理机构代理，但在中国有经常居所或者营业所的外国人或外国企业除外。

委托商标代理机构办理商标注册事宜的，应准备的书件和办理程序可以向商标代理机构咨询。

十二、填写说明

1. 填写申请书式时，请认真阅读申请书式上的注释或填写说明，按要求认真填写。

2. 根据2002年9月15日施行的《商标法实施条例》第15条第2款规定："商标注册申请等有关文件，应当打字或者印刷。"从2002年9月15日起，申请人提交的商标注册申请等有关书件必须打字或者印刷，对于手写的商标申请书件，商标局和商标评审委员会不予受理。

3. 申请人可以直接在相应的申请书式上输入相关内容，然后用70g的A4（210mm×297mm）纸张打印。如果一份申请书式是两页，请用正反面

打印。

4. 由于申请书式是固定格式，请不要随意改变或改动申请书式的格式或位置。如果申请人改变或改动申请书式的格式或位置，商标局和商标评审委员会不予受理。

5. 申请人的名称应与所提交证件中的名称一致。申请人为企业的，申请人的地址应与营业执照中的地址一致，但如果营业执照中的地址未冠有企业所在地的省、市、县名称的，申请人必须在其地址前加上省、市、县名称；申请人为自然人的，可以填写实际住所地址。

6. 《商标注册申请书》中的"类别"及"商品/服务项目"，应根据申请人自己经营的商品或提供的服务，参照《商标注册用商品和服务国际分类》第八版以及商标局根据上述国际分类表修改的《类似商品和服务区分表》来填写。

7. 未委托代理组织的，不需填写代理项目。所谓的"代理组织"是指在商标局备案的商标代理组织。

8. 申请书上应加盖申请人的章戳。申请人是自然人的，应由本人用钢笔或签字笔在申请书上签名。

十三、商标注册申请前的查询

1. 简要说明

商标注册申请前的查询通常是指商标注册申请人在申请注册商标前，为了了解是否存在与其申请注册商标可能构成冲突的在先商标权利，而向指定的服务机构进行的有关商标信息的查询。商标注册申请前查询采取查询人查询自愿、服务机构提供服务有偿、查询结果仅供参考的原则。目前，由国家工商行政管理总局下属的通达商标服务中心负责商标查询。

2. 办理途径和步骤

商标查询有两条途径：一是委托商标代理机构办理商标查询；二是来人直接到商标局的商标注册大厅办理商标查询。

①委托商标代理机构办理的，申请人可以自愿选择任何一家国家认可的商标代理机构办理。所有在商标局备案的商标代理机构都公布在"代理机构"一栏中。

②来人直接到商标注册大厅办理的，申请人可以按照以下步骤办理：

从查询窗口领取《商标查询单》→填写《商标查询单》→在查询窗口划价→在收费窗口缴纳商标查询费→将《商标查询单》交回查询窗口→在

查询窗口领取查询结果

3. 填写《商标查询单》的具体要求

①填写《商标查询单》时，文字须正确、规范、清晰，字母应使用大写。

②一份《商标查询单》限填写一个文字商标及一个类别的10个以内商品或服务项目。

③"商品或服务项目"栏必须严格按照《类似商品和服务区分表》中的规范名称填写，并不得填写商品分类的组名。

4. 商标查询收费标准

查询种类查询方式 中文商标（或数字） 英文商标（或字头）

加急查询商标：120元 200元

普通查询商标：60元 100元

可以自己上网查询：

www.ctmo.gov.cn　www.NameOK.cn www.OKmark.cn www.OKname.cn

5. 查询结果的领取

查询人凭发票在查询窗口领取商标查询结果。

6. 商标查询时限

加急查询：四个工作日

普通查询：三个工作日

7. 注意事项

①《商标查询单》所提供的查询报告，不含未录入数据库的在先商标权利信息；不含《中华人民共和国商标法》第9、10、11、12条所规定的内容。

②《商标查询单》所提供的信息以计算机存储数据为依据。需要进一步了解查询结果的详细资料，请依据查询报告查阅《商标公告》。

③《商标查询单》在规定期限内回复。如遇节假日，回复的期限顺延；如遇不可抗拒的突发客观事件（如计算机备份、计算机故障、计算机病毒日、停电等），自恢复正常工作之日起顺延期限。

④特别需要注意：通达商标服务中心提供有偿的查询服务，仅提供是否存在在先商标权状态的查询，是否构成与在先权利的冲突还需要申请人自行判断。此外，申请注册的商标是否具有显著性、是否违背《商标法》第9、10、11、12条的禁用条款等驳回事由，也需申请人自行判断。因此，商标注册申请前查询具有自愿性，是否申请查询完全由商标注册申请人自行决定；具有有偿性，必须按照规定缴纳查询费；具有参考性，查询结果

仅供参考，不具有法律效力，不能作为商标注册的法律依据。

十四、商标金口诀

商标真重要，

证件要备好。

类别四十五，

注册产权高。

1. 商标：商品或服务经商标保护后称商标。

2. 证件：个人或企业有效证件。

3. 类别：45个，含商品及服务。

4. 注册：通过代理机构或个人提交申请。

商标分类口诀：

1	2	3	4	5
工	涂	妆	照	药
6	7	8	9	10
金	械	具	科	仪
11	12	13	14	15
设	载	火	珠	乐
16	17	18	19	20
纸	橡	革	非	具
21	22	23	24	25
厨	缆	纱	布	服
26	27	28	39	30
钮	毯	玩	肉	食
31	32	33	34	35
农	水	酒	烟	工
36	37	38	39	40
保	房	信	运	材
41	42	43	44	45
教	研	餐	美	社

第四节：易道品牌故事

述任品牌故事

一、老北京"万岁居"的由来

人物1：乾隆

人物2：侍卫

人物3：侍卫

事件1：乾隆微服出游与侍卫走散

事件2：乾隆吃酒无银子付账遭尴尬

事件3：李掌柜救急请客

事件4：乾隆高兴吃醉，夜住在"李家老店"

事件5：乾隆回宫答谢李掌柜赐名题匾

事件6：老北京"万岁居"流传至今

故 事

清乾隆年间，政通人和，百业俱兴。一日，乾隆皇帝闲暇无事，偕两侍卫出正阳门向南微服出游。将午来到一食街，人群熙熙攘攘，不巧乾隆与两个侍卫走散。

这时乾隆已饥肠辘辘，向前不远处，见一"李家老店"乾隆急忙进入，叫小二上点小酒小菜，吃完一摸口袋未带银子，这时小二可不让了，"爷你人模人样的，怎么能吃酒不给银子呢？要不你把衣服脱下来顶"，这时，李掌柜出来，说："看爷气宇不凡，书生意气，怎么能缺银子呢？快请爷里边上座，拿出里边最好的酒菜算我的，我要和爷喝一杯。"乾隆高兴就和李掌柜边聊边喝酒，越聊越高兴，越喝越多。天色将晚，乾隆起身要走，但已醉了，是夜，乾隆安歇在"李家老店"中。

次日，乾隆告辞，还朝。

是日，李掌柜依然忙于店中，忽然有圣旨到，李掌柜护驾有功，天子御笔赐匾"万岁居"。

此匾一赐京城轰动，"万岁居"生意兴隆，车水马龙。老百姓都想看一看皇帝曾住一夜的地方。

"万岁居"一直流传至今。

二、老北京·九日美食的由来

人物1：老佛爷

人物2：和珅

人物3：张福

事件1：乾隆派和珅到天桥为老佛爷大寿筹备风味美食

事件2：和珅与天桥张福风味店老板争吵

事件3：和珅报复想为难张福，在九日内做出九道风味美食，否则必斩！

事件4：张福拿出看家的风味美食本领，做出九道美食。

事件5：老佛爷大寿时，品尝张福做的风味，问和珅：这是哪家的风味这么好吃？

事件6：和珅顺口答道："九日美食"，从此"九日美食"一直流传到今。

故 事

乾隆年间，政通人和，乾隆派和珅为老佛爷筹备大寿的风味美食。

和珅和几位侍卫来到天桥搜集美食，谁知逛了一天也没找到合适的风味。这时，和珅和几位侍卫到一家张福的老店吃饭，点菜时和珅与张福发生争吵。气急败坏的和珅随即亮出真身份，命张福在九日内做出九道风味美食，为老佛爷祝寿，否则格杀勿论。说完扬长而去。

被逼迫的张福，全家慌乱起来。张福突然想到父亲留给他的家传风味食谱。拿出来全家人整整九天九夜终于做出和珅要求的风味美食。

老佛爷的寿诞上，吃到这九道风味菜时，就问和珅："这是什么菜，这么好吃？"和珅顺口答道："九日美食"。

从此宫中及百姓都争相品尝"九日美食"，"九日美食"就这样一直流传至今。

老北京·天桥故事美食街——九日美食城

[位置]

老北京·天桥故事美食街，位于老北京的天桥文化商圈内。地处南中轴线的前门大街与永安路交会处西南角的盛金天桥商城。盛金天桥商城总面积为46700m²，拥有商家3200余家。老北京·天桥故事美食街位于商城的五层，占地面积4200m²，是迄今为止北京市中心最大的美食街。

[交通]

老北京·天桥故事美食街，位于天桥南大街1号。南中轴前门大街向南与永安路交会处西南角，有东门和北门入口，交通非常便利。

[泊车]

车位充足，老北京·天桥故事美食街其泊车数量可达上千辆。

[配套]

中央空调新风系统配置，十六部自动扶梯，四部直升梯，每天24小时昼夜服务。

[装修]

装修以老北京中式风格定位，整体标准均达三星级宾馆标准。

[演艺台]

水晶体伸缩演艺舞台，灯光、音响配套齐全。整个演艺舞台堪称全北京城美食城中佼佼者。

[景观]

"九日有余"喷淋景观和档口下一个90米长的流水景观，水下射灯及趣乐赏鱼，让人赏心悦目。

[包间]

卡式包厢大小特色48个，1700个座位更显天桥故事源远流长。

[点菜]

引进新加坡最先进的餐饮电脑管理及监控系统，点菜系统、收银、管理均在老板的一指间。

[营业]

独立营业系统。

[品牌]

老北京·天桥故事美食街。

[定位]

用"天桥文化"带动"天桥餐饮"。

[文化]

以天桥的雅俗共赏文化为根基。

功能区（南）：莺、歌、燕、舞

延伸至：莺乐园、歌乐园、燕乐园、舞乐园。

功能区（北）：太、平、盛、世

延伸至：太乐园、平乐园、盛乐园、世乐园。

演艺坊：文娱、杂耍场子、戏园、新八大怪等故事演绎。

[餐饮]

可搭建以老北京·天桥故事为主、以休闲娱乐文化为辅的餐饮平台。

如引进"到家尝"、"海碗居"、"爆肚张"、"茶馆"等老北京风味及休闲餐饮，加上天桥文化演艺，形成天桥餐饮文化经济现象。

[策划理念]

以"天桥文化"

↓

提炼"天桥故事"

↓

带动"天桥美食"

↓

形成"天桥故事美食街"经济现象

[广告语]

天桥故事，美食乐园！

三、"别有洞天狗肉火锅"的故事

人物1：郑板桥

人物2：刘墉

人物3：书童

事件1："扬州八怪"之首郑板桥诗、书、画三绝，且喜食狗肉，在扬州传为美谈。

事件2：一日，天降大雪，板桥与书童踏雪寻梅，见有一院落大门上有匾额上写四个大字"别有洞天"，并有狗肉香味飘出。

事件3：板桥让书童通报欲见主人，那家主人却让板桥对对联。

事件4：板桥对上对联，那家主人来见，原来却是刘墉。

事件5：刘墉被贬扬州，欲结识板桥，遂以狗肉为媒介，席间二人结成好友，板桥为狗肉赐联：别有风味，雪煮狗肉成上品；洞天佳肴，梅花佐酒大不同。取对联前两字成名名"别有洞天狗肉火锅"。

事件6：刘墉官复原职，"别有洞天狗肉火锅"落户京城，流传至今。

（一）板桥嗜好

相传清乾隆年间，扬州书画海内闻名，而"扬州八怪"是尽人皆知，这八怪之首当推郑板桥，板桥人称诗、书、画"三绝"，但行事怪僻，达

官贵人厚金买字，板桥不卖；贫老孤儿分文没有，板桥却能慷慨相赠字画，在扬州传为美谈。板桥生性俭朴，只有一嗜好，那就是喜食狗肉，每到冬日，当炉热酒，有狗肉相佐，则为平生一大嗜好也。

（二）踏雪寻梅

话说一日，天降大雪，扬州乃江南之地，雪极少见，板桥颇想踏雪寻梅之雅，于是，带一书童，往城南而走，为何去城南，因城南的梅花最好。到城南过一小桥，见有一院落，梅花开得正旺，大门上题一匾额"别有洞天"，写得古雅朴茂，引人注目，又闻有肉香飘忽，历久不散，板桥提鼻一闻是狗肉的香味，这可正对了板桥的心思，可这狗肉的味道与往日不同，香的动人心魄，让人必食之而后快！

（三）联比知音

板桥吩咐书童，我欲结识其家主人，你去通报，就说郑板桥来访！说罢转身一旁桥边等候，过了一会儿，那童子手中拿了一张纸，说："先生，那家主人说久仰你的大名，但不知是真是假，出了一个上联让您对。"哦?！这下板桥可来了兴致，对联，小菜一碟。板桥接过上联，略一沉吟，笔走龙蛇，对上下联。那童子奔跑如飞，送去了。片刻只见大门洞开，里面走出一人，弓腰驼背，是个罗锅。那人走到板桥近前一抱拳"板桥先生，在下石庵，请里边叙话"！板桥大吃一惊，连忙回礼，与那人携手入室。

（四）独门绝技

石庵是谁，乃名臣刘墉也，因得罪权臣和珅，被皇上贬到扬州看起了城门，那刘墉宠辱不惊，却雅好书画，早想结识怪杰板桥，他知板桥爱来城南，就在此买了一处宅院，取名"别有洞天"，恰巧天降大雪刘墉告假回家用火锅焖起了狗肉，这焖狗肉可是刘墉的独门绝技。因其祖上为医家，曾以狗肉为主料，佐以龟汤和煮，专用于延年益寿，补养身体，可得奇效。刘墉家传，用此秘方绝技。得知郑板桥到此，这下派上用场了。

（五）别有洞天

却说板桥与刘墉走进客厅见门上有副对联上联写"别有风味，雪煮狗肉成上品"；下联配"洞天佳肴，梅花佐酒大不同"此即为二人先前所对之联也。二人相视大笑，共享狗肉。品尝之余，板桥赞叹"这狗肉火锅，以龟汤入美味，真是别有洞天啊！"刘墉拍手称妙，连声说："谢板桥兄为狗肉赐名。"板桥一愣，恍然大悟。他真诚地对刘墉说："石庵先生宠辱不惊，在下敬佩之至。愿以墨存世，以志后人。"说罢挥毫写下八个大字："别有洞天狗肉火锅"。刘墉与板桥结为知己。

（六）狗肉火锅

后来，刘墉官复原职，"别有洞天狗肉火锅"得以落户京城，这"狗肉火锅"以其龟和、汤补、味美号称"三绝"而名扬天下，流传至今。

四、"乡村树"的故事

人物1：姜太公
人物2：伯夷
人物3：叔齐
人物4：玉皇大帝

事件1：周朝时，姜太公弃官归隐，隐遁在首阳山中，修炼长生之道。

事件2：姜太公嗜好垂钓。一日，不慎被一条大鱼反钓于江中。

事件3：姜太公顺流而下，不会水的他奄奄一息，恰巧被一棵乡村树拦住，并啃食树叶得以保全性命。

事件4：姜太公醒来，虔诚地拜谒乡村树时，天空出现两道白光，原来是伯夷和叔齐显灵。

事件5：伯夷和叔齐是孤竹国君子朝的两个儿子。伯夷和叔齐对姜太公说："为报太公当年不杀之恩，哥俩拼命化作乡村树来救太公。"

事件6：这件事被"玉皇大帝"知道后，令伯夷和叔齐化作羊群和乡村树，留在首阳山之中，造福百姓，不得再回天宫。

事件7：太公为了纪念伯夷和叔齐，在首阳山看护羊群和乡村树（今河北省卢龙县）。后人开了一家"乡村树"涮羊肉餐馆，来纪念伯夷和叔齐，并流传至今。

故 事

相传周朝时，姜太公弃官归隐山林，隐遁在永平府首阳山一带，修炼其姜氏的长生不老之术。

姜太公嗜好垂钓，一日在江边垂钓，不慎被一条大鱼反钓于江中。

太公被卷入急流之中，奄奄一息，恰巧被水中横贯的一棵乡村树拦住，太公得救，啃食树叶充饥，保全了性命。

当太公正想虔诚地拜谒乡村树时，天空中出现了两道白光，原来是伯夷和叔齐显灵。二人是孤竹国君子朝的两个儿子。为报太公当年不杀之恩，拼命化作乡村树来救太公。

谁知这件事被玉皇大帝知道了，他下令伯夷和叔齐化作羊群和乡村

易道管理

树，留在永平府首阳山之中造福百姓。

于是，伯夷和叔齐便化作一片白云铺在首阳山上，旋即山上出现了白色的羊群，以及一片片乡村树林。

姜太公为了感谢伯夷和叔齐，便在首阳山上（今河北省卢龙县内）看护羊群和乡村树。后人为铭记伯夷和叔齐，在此开了一家名为"乡村树"的涮羊肉餐馆，一直流传至今。

五、关于秀 、绣、岫的故事

人物1：赵飞燕

人物2：侍女阿宝

人物3：瑶池仙子

事件1：赵飞燕游春

事件2：与阿宝登山，观峰，饮泉，沐浴，得梦。

事件3：瑶池仙子告知：山为秀山，峰为绣峰，泉为岫泉。

事件4：三秀仙方，名扬天下，流传千年，造福女性。

故 事

相传汉朝时候，一年春天，贵妃赵飞燕与宫女阿宝偕众人出城游春，路上，飞燕看到前方有座秀丽挺拔的山峰，很是引人注目。飞燕叫住车仗行人，下凤辇仔细观看，越看越高兴，这山和我怎么这么像啊，神态，举止，分明就是我的化身啊！于是，飞燕让众人在山下等候与阿宝一起同登此山。

山上鲜花似锦绿树成荫，飞燕与阿宝或坐或卧，或穿行于花树之间。越动越觉得体态轻盈，身轻体健！

主仆二人登到半山，见峰回路转，路旁有奇花怒放，人一接近异香扑鼻，二人衣掸花香，非常舒服。

登到山顶。一泓泉水清澈晶莹，飞燕口渴难耐，掬水而饮，顿觉容光焕发。阿宝说，娘娘何不入水沐浴。飞燕入水，其水温和，池边花瓣如雨而落，飞燕见水中有奇石，遂倚石入梦：梦中见自己到了九天瑶池，瑶池仙子告诉飞燕，说她原是花仙，转世为人，因王母思念特赐她秀山一座，使她身形秀丽，绣峰一脉，让她遍体生花，形象靓丽，岫泉一湾，让她饮岫泉而生智慧，沐浴其中则遍体生香使她美丽，飞燕拜谢。

飞燕醒来，见自己遍体生花，奇香飘逸，引来蝴蝶同舞，令人惊奇。

后来，飞燕亲著《秀、绣、岫仙方》流传千年，造福女性，这就是"秀、绣、岫"的由来。

唐代大诗人李白有诗赞曰：

云想衣裳花想容，春风拂槛露华浓。

若非群玉山头见，会向瑶台月下逢。

六、铭香春的传说

传说在长白山，常出现人参仙女三姐妹。大姐铭参，二姐香参，三姐春参。每年春天三姐妹都结伴到天池游玩。

这一年的春天，她们发现天池边有一位受伤的猎人，就把他救了起来，悉心照顾。三姐妹决定用最拿手的神功来救活他。大姐展开"神功宝饼"，二姐采来"神丹仙草"，三姐掬来"天池圣水"。神饼包着仙草，浸在天池圣水中，煮成了"神圣元宝"。猎人吃了立即醒来，伤也全好了。这件事让参王爷知道了，大发恼怒，怪罪三姐妹泄露了神机，把她们关进深山老林，永远不得与凡人相见。猎人十分痛心。为了怀念她们，每年春天他都来到天池边，学着仙女三姐妹包"神圣元宝"的样子包成了许多玲珑可爱的水饺。边投进天池，边连声高喊三姐妹的名字：铭！香！春！铭！香！春！

猎人为了纪念三姐妹，把水饺取名为"铭香春"，让神圣的饺子永远流传。

第五节　易道企业品牌口号创意

品牌口号设计

品牌口号独特，让您的品牌名扬天下。

品牌口号是一种意味深长的话语，主要用来向顾客展示或刻画品牌在情感以及功能方面会给他们带来的好处和利益。

品牌口号能够告诉顾客品牌会给他们带去这样的利益。

品牌想把那些好的感觉传播给顾客及潜在顾客。

在这些情感效应达到之后，强势品牌形象也就形成了。

顾客们会关心他们使用此品牌的直观感受，但是他们也要体会品牌带给他们的实用性和功用方面的好处。

宝马BMW汽车的品牌口号是以简洁方式传播信息的经典范例。

"宝马是驾驶的终极选择"（BMW is the ultimate driving machine）。

那些购买宝马汽车的顾客当然希望感觉驾驶世界顶级轿车的快感，他们要了解宝马汽车究竟如何优秀。品牌口号可以用来传播自身与竞争对手不同的卖点所在，可以克服信息零乱并且达到吸引潜在顾客的目的。在某些情况下，品牌口号同样也用来定位品牌。众所周知，零售业的竞争是高度激烈的，强势品牌就是通过确定与众不同的卖点并运用品牌口号进行传播而获得成功的。

美国TARGET是一家折扣店，它是运用品牌口号传播品牌信息的经典范例。

当顾客们看到或听到"更多期望，更少花费"（Expect more, Pay less)的口号或标语时，他们就自然而然地想到TARGET店，想到在TARGET店会获得的实惠(少花钱）以及情感方面的好处（更多期望）。

详见张述任老师专著《取名策划》、《起名——企业产品设计学》、《名利双收》、《吉祥品牌——中国商号学》等。

其他一些利用品牌口号传播品牌功用以及情感方面的范例如下：

如：宝马BMW汽车的品牌口号：宝马是驾驶的终极选择。 (BMW is the ultimate driving machine.)

购买宝马汽车的顾客他的感觉是驾驶世界顶级轿车的快感。

尼康(Nikon) 的品牌口号：我们可以照出世界上最好的照片。(We take the world greatest pictures.)

迪斯尼DISNEY公司： "永远超乎你的想象"。 （You won't believe what you can do.)

吉普车JEEP公司： "绝无仅有"。 （There is only one.)

菲利浦PHILIPS公司： "让我们做得更好"。（Let's make things better.)

耐克NIKE公司： "就这么做!"。 （Just do it!）

使命必达！ FedEX快递公司

钻石恒久远，一颗永留传。

迪比尔斯，珠宝。

第六节　易道品牌推广

易道品牌推广金口诀：

易道管理

调研品牌定位好，
核心宣传出奇招。
成交网络控制度，
渠道创新文化高。

1. 调研：市场调研。
2. 品牌：品牌核心系统的构建。
3. 定位：市场定位要准确、独特。
4. 核心：核心技术系统的构建。
5. 宣传：传播系统的构建。
6. 奇招：四两拨千斤，借力打力，握手势能。
7. 成交：成交，成交，再成交。
8. 网络：构建自己的网络系统。
9. 控制：自己预防系统。
10. 制度：制度系统要完善。
11. 渠道：源源不断渠道更新。
12. 创新：创新是永远的主题。
13. 文化：文化是企业的生命力。

"龙泉山庄生态园"项目策划案例（AAA级绝密）

一、案名：龙泉山庄生态园

"龙泉山庄生态园"是以浙江省龙泉市政府"生态立市"的战略构想为依托，以创建"浙江绿谷"为目标，同时，借助电视连续剧《刘老根》中"龙泉山庄"在全国范围内所拥有的广泛知名度，借势造势，正如我们的生态园位于龙泉市，名正则言顺，反映了该项目的地缘优势以及其广阔而美好的发展前景和蕴藏的巨大商机。

二、位置：

龙泉山庄生态园位于浙江之巅，国家级自然保护区——凤阳山西之山麓。这里青山叠翠，云雾缭绕，碧水萦回，奇峰怪石林立，硕果飘香、物产丰富、昼夜温差大，夏季尤其清爽宜人，宛如人间仙境，是发展生态农业、打造生态旅游品牌的天然理想场所。

三、理念：

我们的发展暨策划理念是：

以生态农业带动生态环境的改良与完善。

以生态环境带动生态旅游的开发与发展。

以生态旅游带动生态农业产品的销售。

以生态农业产品的销售带动农业产业化的发展。

以农业产业化的发展带动龙泉市区域经济的发展。

从而，最终达到生态农业与生态旅游的完美结合，完成兴市富民的宏伟目标。

四、生态园立体经济创意：

（一）吃：吃山珍绿色食品、高营养、无公害、健康环保。

（二）喝：饮山泉碧水，吸纳山水灵气，清洁脏腑，延年益寿。

（三）玩：登奇峰而览胜，观碧水而增慧。摘瑞果而心怡，带特产而收获。

（四）乐：休闲度假，携家带友碧水青山，共享天伦。

（五）住：家在青山绿水间，人是世间长寿仙。

五、龙泉山庄生态园：

整体观赏生态游环境项目策划。涵盖山庄所有生态资源，包括山、水、竹林、景观及公路高地等。

(一)龙泉山庄远眺平台

远眺平台为山庄标志性建筑。

游客立于台上，可俯瞰山庄全景，远有山峰林立，碧水环绕，近有竹林清响，公路如玉带缠腰，其他景观错落有致，让人心旷神怡远眺平台由山庄规划设计，建议以平台为制高点辐射整个山庄，风格为田园式为主，绿色生态为其主格调，生态游之主体景观项规划为以下几个方面：远眺平台──龙泉山庄采摘园（包括"品然桃林"；梦李园；瑞果梨园；凤阳梅园4个大型果园）──景观1桃花岛──景观2飞来石──景观3土地神台──景观4竹林梦海──景观5小天池──景观6幽香谷──景观7听泉涧──龙泉山庄花卉园──龙泉山庄宾馆、餐厅──龙泉山庄果品基地及销售外联有限公司，生态及景观游合串互补，完美结合成为龙泉山庄独有的经营特色。

（二）龙泉山庄采摘园

生态旅游重点项目之一，可使观光者亲自参与果品采摘，乐趣无穷，初步规划建设4个大型果园可供采摘：1. 品然桃林；2. 梦李园；3. 瑞果梨园；4. 凤阳梅园。让所有参与采摘者都感受到硕果累累的喜悦，以及满载而归的满足。

采摘路线可与景观游统筹综合考虑：如景观游+某一品种果品采摘，

也可单独安排采摘生态游：如蟠桃圣会——品然桃林采摘；李铁拐送仙果——梦李园采摘；曹操远征，望梅止渴——凤阳梅园采摘；梨园春秋——品摘瑞果梨，学做梨园人演戏，唱戏。将游戏与劳动及历史小故事完美结合，情景交融，以增加采摘园的无穷魅力。

(三)龙泉山庄观光策划

根据龙泉山庄的观光路线，可策划几处神奇的观光景观，并创意故事，引人入胜。

1. 桃花岛：桃花暗示人情感如意，游人到达桃花岛后，在观赏桃林美景同时，要自行选择一株桃树，系同心结未婚青年默祷，求桃花仙子保佑有情人终成眷属，能早日找到意中人，结百年良缘。已婚者祈祷请桃花仙子保佑夫妻恩爱，家庭和睦，幸福美满，心诚则灵。

故事：从前，凤阳山下住着一位地主老财，姓柴，为人狠毒，外号"柴老狠"，可他有个女儿叫柴紫霞，心地却非常善良，经常背着他爹，帮助穷人，紫霞姑娘看好了在她家做长工的有一身好水性的小伙子阿诚，二人私订终身，不料这事被柴老狠知道了，要对阿诚下毒手，紫霞姑娘知道后，趁着天黑与阿诚逃出柴家，柴老狠带人在后面紧追，二人跳水逃生，逃到这桃花岛上，柴老狠追到这桃花岛上，只见桃花不见人，只好作罢，原来是桃花仙子保护二人，将二人变成桃树，财主走后，二人恢复人身，在岛上做了一世神仙夫妻。此后就常有人到此拜求婚姻之事屡屡应验，百试不爽。形成了当地的一道民俗奇观。

2. 飞来石（位于桃花岛下一站）：飞来奇石，有仙有灵，游客可拜，可摸。拜石者，得聪明智慧福报。摸石者，主行文昌大运，有中高考青年，可拜求神石护佑其考中，亦可听石，石内有山水灵音，有缘听到者，必得神仙点化，人生至此，大有改观，时来运转，前程似锦。

故事：相传上古时代，女娲娘娘以五色神石和黄土补天，成功后，还剩一粒神石，流落人间，因知凤阳山有天地灵气，飞来此地安身，得跛足道人点化，与大宋年间投胎为人，衔印而生，成人后，为寒生公子，行四十年文昌大运，官至大学士，此人即是倒做南衙开封府的包龙图包拯，去世后，封为神位，仍化身为石，点化苍生，功德无量。

3. 土地神台（为飞来石下一站）：为凤阳山古迹之一，为土地神位，拜土地神台，可使拜者居家平安，家业兴隆，心诚则能在日后得好家旺宅。房地产开发业拜此神台，发心供养，可保事业顺逐，楼兴宅旺。

故事：相传凤阳山方圆下百里以外，有一对土地神，怜悯苍生，常将

人间供养布施百姓，德泽四方，使人民安居乐业，五谷丰登。一年大旱，庄稼地无收，土地公公与婆婆将给玉帝的供品遍施百姓，得以度过饥荒。玉帝闻知大怒，将二神剥去禄位，罚到下界受苦，众百姓闻知，祈天求告，诉明真相，玉帝深受感动，赐此土地神台，长年尽享百姓祭祀，至此香火鼎盛，人们纷纷于此拜求平安福禄，吉祥如意。（可设功德箱，拜垫，香炉）

4. 竹林梦海（为土地神台下一站）：竹主节节高升，游客到此，可默念三遍竹（诸）神护佑，福如东海，节节高升！到此一游既可赏竹观竹，又可双手合十敬竹，求得家庭平安如竹枝相互掩映，事业如竹步步登高。

故事：相传有一书生，曾来此地读书，与竹同心，形同好友，一日见一樵夫，欲砍竹为柴，书生大不忍心，以金赠樵夫，求其不要砍竹。日复一日，多有人以砍竹之名，来此讹诈书生，书生莫不解囊，穷尽家产，以护竹林，其真诚感动了他人，使竹林丝毫无伤，一日书生安卧竹下，入睡，得梦见一白须老者，告诉他"尔身下有宝，公子可取，久后必得功名"。书生惊醒见身边有奇书一卷，读后，文思泉涌。是年赶考，果然高中，一直官至宰相，若干年后，书生故地重游，拜罢竹神，挥毫作书——"竹林梦海"，流传至今。

5. 小天池（为竹林梦海下一站）：天池为水，近水而生智慧，游客至此，可取水净面，驻容养颜，得美丽聪慧福报。默想，生命常青，以水养生之道，以求得风姿俊秀，长生不老。

故事：相传王母所生儿女七个，个个美貌聪慧，尤以老七为最，取名七巧，姐妹七人常到凤阳山小天池来戏水，浣纱一日，姐妹七人在水中玩得高兴，一阵恶风将姐妹们在池边晾晒的仙纱吹走。大家急忙追赶，追到一洞，知道是洞妖作怪，最后是七巧以神针定住洞妖，方知洞妖原来是只琵琶精。却同时救出一奇丑女子满面污垢，于是众姐妹问丑女何来？丑女哭诉，本是此地一良家女子，因貌美如花，而遭洞妖嫉妒，施以法术，将她变丑，囚禁于此，幸被七姐妹救起，姐妹知道，都替丑女难过，只有七巧悄然取来小天池水，为丑女洗面，奇迹出现了，丑女恢复了原来的美貌。此后，总有待嫁之女，到此处取水洗面，以美容颜；即使八旬老妇，亦能鹤发童颜；男子取水，亦能皎如玉树临风，奇妙之至。

6. 幽香谷（为小天池下一站）：为凤阳山天然峡谷，四季鲜花似锦，争奇斗艳。自古以来，凤阳人亦有衣掸幽香的风俗。循香即可找到，有缘及心上人，因此幽香谷又称"惜缘谷"。

故事：相传幽香谷里，曾有一书生，在此建读书斋即名"幽香书屋"，书生勤奋，日日读书，闲暇时，即爱养花、护花。此谷终年有鲜花开放。一日书生外出归来，满室异香扑鼻，书桌上有一纸留言，"子时有雅客来访"，书生大觉诧异，晚试日以待，最后，困倦已极，睡梦中来到一曼妙仙境，无数女子载歌载舞，皆貌美如花，见一主人之样老妇含笑坐于其中，说到："公子，我有女儿意属于你，我亦想许配尔等为妻，你如能选出是这一群女这中的哪一位，我定不反悔！"书生允诺，遍观诸女虽貌美若仙，但太过妖艳，书生置若罔闻，见老妇身旁一侍女，虽打扮平常，低眉秀目，却有惊世骇俗之色，书生走近那女子，一股熟悉的异香，沁人心脾，书生情不自禁，以手挽之，问老妇："敢问老夫人，是她吗？"老妇拊掌而笑，连称："好眼力，好眼力，造化，造化！"原来那老妇乃是伽蓝婆婆。那侍女乃是幽香谷花仙，至此，那书生得婆婆点化成仙，与花仙成就千载良缘，在凤阳山传为美谈，凡到此谷者，皆有衣掸花香，姻缘久长的美好传说。

7. 听泉涧（为幽香谷下一站），听泉涧，听泉悟道，知"水善利万物而不争"，以水清心，心灵澄澈，百病全无，以水净面，双目有神，拜涧拜水，得健康长寿之报。

故事：相传有一人家，父亲早亡，只有母子二人相依为命，儿子靠打柴、卖柴来奉养老母，母亲在家浆洗缝补，如果柴卖得好，母子俩还得以改善一下生活，虽然日子过得苦了点，但母子俩都很知足。一年，天下大乱，儿子去集市卖柴，结果被抓去当兵，老母在家，望穿双眼，也没等到儿子，幸亏有好心的邻居时常送粥送衣，老人得以保住性命，思儿心切，落得个眼瞎耳聋。若干年后，儿子从战场上死里逃生，得以归来，跪拜母亲，母亲却听不着，看不见，只是嘴里叫着儿子的小名。儿心如刀绞，决心外出求医问药，给老母治病，他背着老母亲走过九十九道山，越过九十九条河，终于走到凤阳山下，困倦已极，在一大树下安身休息，忽听前方有泉水叮咚，老太太耳聋多日却开口说话，这水声这么好听，儿子一听，又惊又喜，"娘，您听到了！"母子二人抱头痛哭，哭罢多时，儿子见母亲满面泪痕，去取水为老人家洗面，老人用水擦了擦眼睛，顿时儿子的面庞清晰地呈现在她的面前，老人说："我的儿啊，你的孝心感动了上天，娘的眼睛也好了！"两人在凤阳山里安家，儿子娶妻生子，一家人得以共享天伦之乐。

以上为龙泉山庄主要景点，可以此为依托，发挥其自身景色特点，让游人乐在其中，流连忘返，继而进行口碑宣传，扩大知名度与影响力，从而开展更加丰富的旅游资源开发工作。

六、龙泉山庄花卉园：

花卉园项目策划，可分为两部分：

（一）观赏部分。以适应当地气候的名优花卉，珍奇花卉，打造观赏平台，分为几个景区，诸如"前程似锦""锦上添花""花仙聚会""百花擂台"等。

（二）经济苗木部分。将名优花木繁殖培育，卖花种、花苗、开发绿地规划项目，走花卉产业化道路。

七、龙泉山庄宾馆：

以住宿、养生为两大项目的开发型宾馆。

（一）住宿按星级宾馆方式建设，实行规范化服务。

（二）龙泉养生山庄——可依托山庄独特的人文自然景观开发特色养生项目，请国内知名专家开辟养生课堂。重点设置特色健身文化养生项目——"儒、释、道"开悟养生系列，主题为悟禅、悟道、悟剑、品茶、赏瓷等，以提升人生内在的品质修养。

开展的养生项目包括：

素食养生（减肥——龙泉特产绿色餐饮项目开发）

静坐养生　沐浴养生

开悟养生　赤足养生

修身养生　书画养生

观赏养生　信仰养生

采摘及品尝养生等。

八、龙泉山庄生态园的品牌生态农业项目策划：

以旅游过程中，可带走的土特产品为主。

（一）水果：桃（品然桃）——基地自产；

梨（瑞果梨）——基地自产；

梅（东魁杨梅）——基地自产。

（二）香菇：凤阳山牌香菇——浅加工，真空包装，组织产品生产销售；

（三）竹笋：凤阳山牌竹笋——浅加工，真空包装，组织产品生产销售；

（四）可进行加工、包装、生产、销售的其他高山特色产品。

九、营销项目策划：

（一）开发生产旅游项目，旺人气，增财气。

（二）开发养生项目，承办高质量各类文化研讨会，提高山庄文化品位，扩大、提高山庄知名度及影响力。

（三）旅游线路，景点合理规划，合串互补、相得益彰，各有特色，不重复，不凌乱。

（四）产品实施采摘式与纪念式销售。

（五）绿色无公害水果通过国家"绿色产品"认证，以华东辐射全国分销。

（六）借助北京2008奥运会，大造声势，申请"奥运会专用水果品牌"（项目另谈）。

十、"大管家"项目策划：

（一）构建自己的核心技术系统及管理模式。

（二）构建自己的组织系统及管理模式。

（三）构建自己的品牌系统及管理模式。

（四）构建自己的文化系统及管理模式。

（五）构建自己的营销系统及管理模式。

（六）构建自己的信息系统及管理模式。

（七）构建自己的控制系统及管理模式。

（八）构建自己的财务系统及管理模式。

十一、龙泉山庄生态园整体项目策划流程分解图：

案名策划与策划指导思想——地缘优势分析策划——核心理念策划——生态园主体经济创意策划——生态园景观及神话故事策划——龙泉山庄宾馆及养生特色策划——品牌生态农业策划——综合营销项目策划——大管家管理风暴策划。

第五章　易道环境

所谓的易道环境就是人与地球磁场的环境，是天人合一、阴阳平衡、五行平衡的和谐的环境。所谓的易道环境好，就是身心与环境的和谐平衡。

选择一个好的环境，也应符合易道文化：

不易之理：符合中国的祥瑞文化；

变易之理：符合个人文化修养、家人喜好；

简易之理：方便生活、工作、居住。

综合考虑：

(1) 大环境：形、势、山、水、清；

(2) 中环境：风、行、气、运、场；

(3) 小环境：护、实、空、气、宁。

第一节　易道选址

易道选地金口诀

一、"形"的理念

形者，为形状，旺宅策划中是指环境形状，分平面环境形状和立体环境形状。平面环境形状有方形、长方形、圆形、三角形、刀把形、不规则形等；立体环境形状用龙形、虎形、蛇形、龟形、雀形等各种鸟兽形来形容，也有用金形、木形、火形、水形、土形来形容。地形标志着旺宅气场的运行轨迹。地形环境能够保障旺宅气场的螺旋运动，便是福地环境。地形中枯沟、岔路、剪形角相连，尖、冲、煞、风道相撞，便是不适宜的环境场。方形，庄重踏实，长方形及正方形都好布局，特别是南北向短东西向长的地形。三角，不常用。因为尖角很难处理，不能很好利用。

论地形：配图：

1. 方形和长方形：庄重稳实。

2. 圆形：圆融美好。

3. 三角形、刀把形、不规则形：均属不规则地形，很难处理。

二、"势"的理念

百尺为形，千尺为势。势者为山脉的走势。现代建筑以周围大环境论势，城市中以建筑群的布局、风格（包括道路、河流走向）论势，农村以周围道路、河流、林带及相邻的建筑论势。旺宅策划中以现代建筑的周围环境的建筑群的布局、风格、意味等来论势。形比势小，势比形大。势是远景，形是近观。形是势之积，势是形之崇。有势然后有形，有形然后知势。势立于形之先，形成于势后。形住于内，势住于外，形得应势，势得就行。势居乎粗，形居乎细，势背而形不在，形行而穴不结。势是起伏的群山，形是单座的山头。认势惟难，观形则易。旺宅策划把势作为来龙，只有来龙大，强、异、专、逆才会带来好运。来龙如果太小、太弱、太平常、太多分支、太直奔，那就不会造成好形。

三、"山"的理念

山，为有山环绕及有山在后。山环旺宅策划认为有山环绕之处，可遮挡风吹，有利于生活健康。古人认为山环之处必水草植物丰茂，局部小环境气候好。

山在后旺宅策划认为后边有山，从心理上有安定感。当然山上要有植物生长，如果不生长植物，光秃秃的山，怪石嶙峋，心理上肯定不舒服。古人在论述山的时候，认为后有"明山"为靠为佳。

山既是龙，龙：龙脉，即山脉，包括山脉的走向和起伏变化。主要指地理环境中，具有挡风聚气作用的屏障，大环境中有大龙，小环境中有小龙。土是龙的肉，石是龙的骨，草是龙的毛。大环境中，通常指山为龙脉，实际上森林、江河湖泊都起龙的作用。山能挡风聚气、藏风；森林能挡风化水为气；江河湖泊能界气、化气、蓄水、藏气。《撼龙经》讲："须弥山是天地骨，中镇天地为巨物。如人背脊与项梁，生出四肢龙实兀。四肢分出四世界，南北东西为派。西北崆峒数万里，东入三韩隔杳异。惟有南龙入中国，胎孕祖来奇特。黄河九曲为大肠，川江屈曲为膀胱。分肢壁脉纵横去，气血勾连逢水旺。大为都邑帝王州，小为郡县君公侯。其次偏方小镇市，亦有富贵居其中。"古人认为，须弥山的南左脉入中国，藏风聚气、聚水为江河，养哺了中华民族，生成富饶的中华大地。

古人在论述中华成脉中，习惯于"三条四列"之说。古人认为，中国地脉起源于昆仑山脉，东部地区有三条龙脉。

北条：山开一岐（陕西渭河北岸）—荆山（陕西）—壶口—雷首（陕晋间）—太岳—砥柱—析城—王屋—太行—恒山—碣石入海。

中条：西倾—朱围—乌鼠—太华（陇陕）—熊耳—外方—内方—大别（鄂皖）。

南条：岷山—衡山—敷浅原（庐山）。

四列也指以上三条龙脉，只是把中条分成二列。

古人的三龙说，又以长江、黄河为界把中国东部地区分为三大龙脉。黄河以北诸山系为北龙；长江以南诸山系为南龙；黄河与长江之间的山系称中龙。昆仑山是三龙脉的发源地，也成祖脉。

地球上山脉为骨，纵横相连以挡风聚气；水脉为血，沟通海河、湖泊；密布于山川、平原，以疏水、润地、界水、化气；森林、植被为皮毛，吸水、存水、化气、护土。山、水、林、植、土相互作用，生成了有利万物生存的地理环境。

中国东北地区，北、西北有小兴安岭、大兴安岭及东北森林，南、东南有长白山脉，形成挡风聚气的天然宝地。黑龙江、松花江、牡丹江、嫩江几大水脉，横穿东北地区，孕育着东北大地。山林水的组合生成了富饶的东北三省。这些山、林、水就是东三省的龙脉。

祁连山脉、昆仑山脉、唐古拉山脉、喜马拉雅山脉，纵横相连于中国的西北、西南地区，阻风沙西北、西南地区，使中国东部地区绿洲长存。长江、黄河横穿中华东部地区，称为东部地区万物赖以生存的两大龙脉。这些山脉、河川就是中国东部地区的龙脉。50年代中期，国家计划培植三北林区，如果这些林带真正建成，将有效地挡制西沙东侵，起到龙脉作用。如果没有龙脉的挡风聚气、界水运气作用，任何地区都不可能有成，生命依托脉而生存。龙脉形态、情势对万物生存起着决定性影响。古人分析龙脉、人事环境的布局，是符合物质演化之至理的。

山地的城市、农村，外环境以山、河流、林带为龙脉，内环境以高大的建筑群及道路为龙脉。平原地区的城市、农村，外环境以高地、林带、河流为龙脉，内环境以道路、建筑群为龙脉。宅、院、工厂、学校、商场、商店、居民楼等凡是能独立的场所、建筑物、构筑物，都有独特的布局，这些独特的环境是大环境的子系。环境无论大小、内外，总以有良好的挡风聚气、界水运气功能为佳，以形成刚烈风道、气散风急、水失不化、气水不运之地为不宜。古人理论，以气水运化规律为纲。

四、"水"的理念

水，为风景，为养命之源，有水则有生气。旺宅策划认为水可调解局部小气候，在水边居住，一是水有湿度，二是水的风景也使人赏心悦目。古人认为气见风则散，界水则止。气是水之母，气凝结则成水，水蒸发则化气，气、水在相互转化的运动中滋润万物。水绕缓流则有生气，水急直冲则气散。水又分为秀水和恶水。秀水清澈、甘甜为最佳，恶水为污浊、腥臭之水，古人不愿邻之。

气见风则散，界水则止。山、土、水配合适宜的地方，才能保证气水的正常运化。山能挡风，土能纳气，水能界气，植物能蓄气。山密、土地肥沃、宽平、水聚、植物茂盛的地方，才是旺宅福地。水主智、暗示财。水急直冲，气散不聚，直来直去，人不宜居住。水弯缓流则存生气，水见三弯福寿安闲。水汽运化中成螺旋式升空之状，才存有生气。山环水抱的地势中，能保证水汽螺旋运动，此种地理环境中为德地。环境优劣与水势形状有重要关系，观水察势是旺宅策划的重要环节。有水看水，无水看地基的含水量，看建筑群中的植物盛衰状况。地土湿干适宜，植物茂盛，也是生气的标志。地土裂干，植物枯竭，定是衰败之象。

1. 环山之内，有水抱边，土地宽阔平坦、肥沃，池塘长年存水，水清澈肥沃有生机。此种地带佳。

第五章　易道环境

2. 水山环抱之内，明堂、土地宽阔平坦、肥沃，此种地带佳。

3. 地势环境中，进水口宽，进水缓慢、水弯转有情。出口小于进口，水出缓慢、水聚之地，此种地带佳。

4. 植物能蓄水，植物茂盛之所，必有生气，此种地带佳。

5. 甜水、水清，地肥之地，此种地带佳。

五、"清"的理念

清即碧绿透彻。旺宅策划认为住宅周围要有四清，即清洁、清碧、清澈、清雅。

1. 清洁，就是无污染、无垃圾场、无精神污染等。

2. 清碧，就是绿草茵茵，环境绿化好。无噪音、振动等干扰。

3. 清澈，就是水质清澈，无污染、无臭味、无毒气。

4. 清雅，就是周围邻居要好。

四清图，即清洁、清碧、清澈、清雅。

六、"阴阳"的理念

（一）阴阳的基本概念

阴阳本指日照的向背，向日为阳，背日为阴。后来用以说明万物的本源，说明相互对立和相互消长的情况。《周易·系辞》："一阴一阳之谓道。"东汉许慎《说文解字》："阴，暗也，水之南，山之北也。""阳，高明也"。阴阳产生于天体演化，阴阳生化了宇宙间的自然万物。《周易·系辞》讲："太极（天体开始演化）生两仪（阴阳）。"老子讲："道（太极）生一，一生二（阴阳），二生三（阴阳平衡），三生万物。万物负抱阳。"《内经》讲："阴阳者，天地之道也，万物之纲纪，变化之父母，生杀之本始。"阴阳随着天体演化产生，阴阳是万物生命运动之源泉。

人们在事物变化的实践中，总结了物质的阴阳属性及阴阳的转化规律，把阴阳引申为一切事物对立面的名词，用以说明每一事物都有阴阳相对立的矛盾，而且说明一切事物都是矛盾中发展变化的。例水北为阴，山南为阳；春夏为阳，秋冬为阴；男为阳，女为阴；动为阳，静为阴；热为阳，寒为阴；火为阳，水为阴；主动性为阳，被动性为阴；积极性为阳，消极性为阴；正力为阳，反力为阴；正电极为阳，负电极为阴等。事物对立两方面的适用性，也就是对立统一性，反映了事物生存中的阴阳平衡，同时决定了事物的中兴。

（二）阴阳属性

旺宅策划认为：南为阳，北为阴。住宅朝南阳光充足，住宅朝北，阳光阴暗。阴阳是辩证思维的哲学理论体系，和我们的生活息息相关。

1. 阴阳对立：

阴阳通常是指一种物质对立的两个方面。阴阳是相对的，而不能独立存在。《内经》讲："阴胜则阳衰，阳胜则阴病。……阴平阳秘，精神乃至。"阴阳在对立的相互作用中，相对取得统一，才能保持阴阳平衡，万

物中兴。"阴阳离决，精神乃绝。"（《内经》）阴阳对立、相斥，不能统一，物质则失去平衡，衰败消亡。

2. 阴阳互根：

阴阳相抱，"万物负阴抱阳，冲气以为和。"（老子《道德经》）纯阴不生，纯阳不长。阴中有阳，阳中有阴，阴阳互为表里，阴根在阳，阳根在阴。

3. 阴阳消长：

一种物质的两对立方面，都是在彼进此退的运动过程中维持着有序平衡。阴盛阳则衰，阳盛阴则衰；阴升阳则降，阳升阴则降；阴进阳则退，阳进阴则退。

4. 阴阳转化：

阴阳相互转化。阴极生阳，阳极生阴。阴阳在外界环境气的感应下，不停地进行转化，阳衰附阴，阴衰从阳；阴阳相合化时，阳强阴变阳，阴盛阳变阴。

七、"理"的理念

理即道理。旺宅策划认为旺宅的理是：

民俗学：民俗学是指人们的俗位及文化信仰。俗信就是在有关群体范围内几乎人人皆知，人人信奉的心理信仰信条。

人文地理学：所谓人文地理学是以人地关系理论为核心，运用人地关系理论，研究各种人文现象的分析变化、扩散和人类社会活动空间结构的学科。人文地理学将人类创造于地表的文化景观称为人文现象。它与自然地理学并列为地理科学的两大支柱。

人生地理学：突破人文地理学的"环境决定论"，提出了"人地相关论"。人生地理学认为：自然为人类居住规定了界线并提供了可能性，但人们对这些条件的反应或适应，则因自身的传统生活方式而有所不同。这颇似中国古代的"天人感应"论。

行为地理学：是21世纪60年代的新学科。它研究不同阶级、阶层，不同人对各种地理环境所作出的行为和决策。具体地说，它着重研究人的主观因素。诸如心理状态、感觉经验和理性思维影响地理环境的分布及其变化规律。

医学地理学：是一门介于医学、地理学和环境科学等学科之间的新兴边缘科学，主要是研究自然环境对人体健康的影响，同时也涉及具有地区特征的"公害病"的研究。

生态建筑学：是研究人类建筑环境与自然界生物共生关系的生态学，是探索地球上生命活动能够均衡持续发展的生态学延伸于建筑学领域的一个分支。生态建筑学一方面把人类聚居场所视为整个大自然生态系统的一部分，因而要求建筑物应当符合大自然生态系平衡共生的规律；另一方面把自然生态视为一个具体建筑结构和对人类产生影响力的有机系统，因而要求人类在建筑规划选址时，应考虑其自然生态环境的结构功能和对人类的各种影响，从而合理利用、调整改造和顺应其建筑生态环境。

气象学：是应用物理学原理和数学、物理学来研究地球大气中的各种现象和过程的科学。大气科学研究地球大气中各种现象的形成原因、时间、空间分布演变规律以及如何利用这些规律为人类服务的一门学科。

环境心理学：主要研究环境与人的关系，也就是从人文地理学、心理学、生态学、社会学的立场研究环境对人的行为、性格、感觉、情绪所产生的影响和作用。其包括两个方面内容：一是改造环境的主动状态以及环境对改造的接受状态；二是对环境的"认识型"和行动进行改造……行为型的分析。环境心理学将环境划分为物理环境、社会环境和象征环境。以及美学、规划学、生态学等多学科在住宅中的运用。

八、"气"的理念

"气"是万物天地的最基本构成单位，《易经》："其细无风，其大无

外，充盈天地。"《庄子·外篇》："气变而有形，形变而有生。"《老子》："万物负阴而抱阳，冲气以为和。"《论衡·自然》："天地合气，万物自生。"都说明气是万物之源。

（一）气是形的物质力量。

古人认为宇宙间自然万物，"其大无外，其小无内"，都有两重性。一是作用万物产生、生存、发展的气，二是万物有形的体。从大宇宙到基本粒子，都有这种两重性。气是物质内在的作用，体是物质外在的表现形式。

世人对气的称谓各异。《周易》把它称作"道"、"太极"、"易"；老子把它称作化学反应；通讯学家把它称作波；现代科学家又习惯称谓它为场。其实，它就是宇宙中大气运行的一种无形的自然力量，也就是场。

气无形，体有形，气通过体反映其性，体在气的作用下发生象变，这是物质演化的基本性质。要能见（包括眼见、仪器见）的物体，都属体范围。

（二）气通过体发挥特性。

气要通过体才能发挥作用。气无体而不显性。

（三）气在生化中作用万物。

气能生体，体也能储存气。宇宙间自然万物都在气生体、体存气的过程中进行生命运行。"气聚则成形，化则为气。"植物长在地上，吸收地之营养。这种营养化气后，才能被植物吸收。植物叶茎吸收阳光之气，吸大自然中运行之气。植物吸天地、自然之气后，经自身的化含、充润身体，长成根深叶茂之体，或结出供动物饮食之果。

旺宅策划认为：气是万物生存之本源。它生成于宇宙，又作用着宇宙间的自然万物有序运动，同时又在自然万物相互作用中发生着新的变化和力量。

九、"行"的理念

行即五行的概念，五行是古代朴素的唯物论和自发的辩证法因素。《尚书·洪范》中说："五行，一曰水，二曰火，三曰木，四曰金，五曰土。水曰润下，火曰炎上，木曰曲直，金曰从革，土曰稼穑。"五行之间相生相克。

五行分金、木、水、火、土，又含阴阳。阴阳五行组成宇宙的自然物质，在分析自然物质时，阴阳五行又成为物质的代名词。

十、"风"的理念

风，即空气流动为风，流通、舒缓、柔和为佳。旺宅策划认为风不宜大，柔和。如果空气流动的特别快，温度随之而降低，使人易受凉，影响健康。

一个环境中，有挡风之屏障，有缓缓进气、出气之通道；有潺缓水动之池、河，便能藏风聚气。古人讲："山环水抱，必有气"，"水见三弯，福寿安闲"，都是指有山挡风、有水界气的旺宅福地场。远望之有清盈之气，呈螺旋状升空的环境中，定有生气存在。如一个环境中，无挡风屏障，风势蔓延，土沙飞扬，烟尘迷漫，定难藏风聚气。位居夹道风口、冲煞气烈的地势中，风急气散，多多不宜；孤高无挡风屏障之地，气干不聚，多多不宜；虚湿低洼，水、风无流通之道的环境中，气湿死凝，多多不宜。

易道管理

十一、"沙"的理念

沙，即为挡风聚气的高地、附属物。旺宅策划认为是地理环境中的高地、护卫附属物、林区、草地、周边环境等。

1. 不太有利的环境：天桥附近、加油站旁、铁路旁等。

2. 有利的环境：前水后山等。

十二、"道"的理念

道即为道路。

旺宅策划认为：道路是建筑群中的主要通风口，不仅增强自然风力、风速、而人流、车流均能汇聚之口。古人认为道路呈弓形为反弓，道路垂直对冲者为直冲。

路是建筑群中的主要通风口，不仅增强自然风力、风速，而且车流、人流都能会集该通之风流。旺宅气场随水、气运化，呈螺旋运动，才能存生气。生气见急风则散，见缓慢之风则能正常运化。道路急烈之风是吹散生气的煞气。建筑环境中，无论是住宅，还是工厂、政府办公地址、商店、娱乐场所等，凡道路垂直对冲者，总难免肇事，受其害。道路越直，路旁建筑物越高，冲煞之气越重，危害越大。因此，旺宅策划认为一个环境中，首先看路与建筑物的布局状况。挡路、阻路则不宜，顺路、藏于路外则适宜。

1. 路直冲，不宜。
2. 剪刀路，不宜。
3. 道的弓背处，不宜。
4. 宅周围三面见道或四面见道，不宜。

第五章　易道环境

十三、"场"的理念

地貌及磁场，环境地貌是环境形貌如人的面貌一样，体现着内在气

质、风度及阴阳五行属性和平衡状况。环境优美而不妖艳，稳重大方而不笨拙，气势柔和而不造作，刚健挺拔而不猛烈，这都是旺宅福地的表现。反之，妖而娇艳，粗而笨拙，柔而软弱，刚而尖烈，磁场失衡的表现。古人把环境形貌代入到九星、六兽、八卦中，以九星、六兽姿态分析环境形貌的旺宅福地。

场即磁场。旺宅策划认为宅的周边不宜有不良磁场干扰。如发电机组、电线、锅炉、烟囱等磁场的干扰。

十四、"运"的理念

运即为运气。旺宅策划认为运气是自己喜欢高兴住在哪都好。古人认为是东四宅的人住在东四，西四宅的人住在西四。

现代人住宅，类型五花八门，还得根据自己所需要而定，是居住、商住、办公、投资，目的明确后，再去选择。比如：

住宅、公寓、别墅作为第一居所比较好；

TOWNHOUSE 作为第二居所比较好；

SOHO 作为商住、家庭办公室比较好；

STUDIO 作为个人工作室比较好；

SOLO 作为独居比较好。

当然同样一个SOHO的项目，一个在北京的东四地区，一个在北京的西四地区，那还要看你喜欢东城区还是西城区以及你办公区域范围接近哪一个区了。

古人不考虑办公区域定位，认为东四宅的人住东四，西四宅的人住西四，这一点一定要慎重。

古人认为东四宅的人适合在东方、南方、北方、东南方，西四宅的人适合在西方、西北方、西南方、东北方。

东四宅可用震宅、巽宅、离宅、坎宅表示。

西四宅可用坤宅、兑宅、乾宅、艮宅表示。

同样，属于震、巽、离、坎，最适合的居住所是东四宅；属于坤、兑、乾、艮，最适合的居住所是西四宅。

十五、"天"的理念

天即为天和。旺宅策划认为天和反映有和煦的阳光、缓缓的流通之风、适时如期的降雨。天气之运，因地势而降，地气之运，因天气而升。气、水运化平衡，升降有序，方能兴盛万物。天然使叶、花成弧形，利于接收光和之气，自然环境与人文环境成盆状利于藏风聚气。茂盛的植物生于有生气之地，有灵性的动物光临气盈之场，故鸟语花香、五谷丰登之地，必是天和地润之所。

天人合—综合起来可以概括为三点：

（1）天人皆物。天与人都是物，形态相殊，本质则一，"物物皆太极"。

（2）人效法天。《周易大传》曰："夫大者，与天地合其德。"天变，人亦效法天而变，以顺应自然，并通过模拟自然来改造自然。

（3）天人调谐。要求在采取"财成天地之道"、"辅相天地之宜"、"范围天地之化"等手段时，不要破坏自然，而要尽量求得人与自然的和谐统一用现代话来说就是求得"生态平衡。"

十六、"地"的理念

地即为地润。旺宅策划认为地润指有宽阔、肥沃优良的土壤，有水湿之源泉。古人认为地是生养万物之此，《周易·系辞下》天地氤氲，万物化醇。故地润存厚德，厚德才可以载物。

不太适合的地：

1. 土质不好，沙土或不毛之地。

2. 沙漠化或退化之地。

十七、"方"的理念

方即方位。方位是人类最早具有的知识。前后左右上下，时时刻刻都

需要辨别。旺宅认为指建筑物、构筑物自身的朝向、坐落之向及布局、构造形式。古人认为：子午向为正南向，丑未向为南偏西30°西南向，亥己向为南偏东30°的东南向，这些朝向都可以使室内阳光充足，冬暖夏凉，有利于人的起居劳作，保护视力，调养和身体。

十八、"向"的理念

向即为朝向、坐向。指地理环境或建筑物、构筑物的朝向、坐落之间。方向是按四正四隅：东、西、南、北、东南、西南、西北、东北。

十九、"明"的理念

明者，明堂也。旺宅策划认为选址时一定前边有一定的空间，有利于居住的人运动、锻炼、休闲。前边开阔，也不遮挡视线，可以一望无边。古人认为：明堂开阔，有发展。

明堂：分外明堂、内明堂。外明堂指宅前的开阔地，宜开阔、平整。古人认为："明堂容万马，富贵佳天下。"内明堂指庭院，庭院占整院落的三分之二为宜，小则闷气，大则散气。

易道管理

二十、旺宅策划口诀（20字诗）

形势山水清，
阴阳理气行。
风沙道场运，
天地方向明。

第二节　易道选楼

易道选楼金口诀：
位风邻秀明，
护实空气宁。
运动颜色味，
讳观道场行。

一、位

位，即位置。第一是位置，第二是位置，第三还是位置。好位置才是升值兴旺的好旺宅。

选位置时，要看一下一个市、县的规划，看看整个城市的总体规划，

知道整个城市的指导思想及布局。如大环境、中环境、小环境、微环境、人文环境之间的谐调关系。

如北京市正在修编的总体规划，指导思想按"两轴、两带、中心"的思想进行调整。所谓"两轴"就是按照老城以天安门为中心东西发展的"横轴"和南北发展的"中轴"。所谓"两带"就是北起怀柔、密云，重点在顺义、通州、亦庄的"东部发展带"以及包括延庆、昌平、良乡、黄村等在内的"西部生态带"。

二、风

风，八风也。风宜调和。选宅时要注意藏风聚气、地润天和是好住宅。藏风聚气是好旺宅。

万物秉气而生，"万物负阴抱阳，冲气以为和"，这是老子《道德经》中的句子。有生命的物质，都在阴阳之气的作用下，进行着，使生体，体化气的生命运动，气盈化有序，万物则生机盎然。

人生存在大气中，如鱼生存在水中一样。不同的是水有形体，而气无形体。水渊深鱼定养大，水湍急鱼定远走，水污染鱼定有病，水干涸鱼定死无疑。相比的是：气盈人定旺，气浊人定病，气散人定衰，气敌人定烦。

人需要生存在有生气的地方，藏风聚气才是造福厚德之旺宅福地。

如果选择一个环境，无挡风之屏障，使风势蔓延，土沙飞扬，烟尘迷漫，是难以藏风聚气的。

如果选择一个夹道风口，冲煞气烈的地势中，风急气散，更是难藏风聚气的。

这两种情况均不宜选择。

地润天和是好旺宅。

地润是指有宽阔、肥沃优良的土壤，有水湿之源泉。天和是指有和煦的阳光、缓缓的流通之风、适时如期的降水。

天气之运，因地势而降；地气之运，因天气而升。水运化平衡，升降有序，方能兴盛万物。天然使叶、花成弧形，利于接收光和之气、自然环境与人文环境成盆状利于藏风聚气。

茂盛的植物生于有生气的地方，有灵性的动物光临气盈之场，所以能鸟语花香、五谷丰登。

如果荒山秃岭、土壤干裂、脆燥不毛之地是难生养人类的。

如果孤高独岸、水路不通、是难有繁茂之象的。

所以地润存厚德，天和生将相，水孕育大智，地润天和是旺宅福地。

三、邻

邻，邻居。选宅时要注意周边的邻居，邻居好是旺宅。

"孟母三迁"的典故说明古时人们在选择住所时，就已考虑周边的人文环境的影响。

好邻居是好旺宅，择邻而居，是您要居住的区域。

如果周边是各大部委、院、所等国家行政机构，那么选择此地为邻，易发展成为政治家及政治人物。如北京的中央行政区（COD）。

如果周边是商业闹市有商业、公司、国际机构，那么选择此地为邻，易发展成为商业巨子及商界人物。如北京的国际商务目的区（CBD）。

如果周边是大学、教育、科研院所，那么选择此地为邻，易发展成为

学者、科技英才。如北京的中关村科技园区（CID）。

如果周边是电影、艺术院校，那么选择此地为邻，易发展成为演员、艺术人才。如北京的电影学院附近。

如果周边是娱乐之地，那么选择此地为邻，易发展成为歌舞艺术人才。如北京的三里屯酒吧街。

如果周边是幽静之地，易有才子；如果周边是山清水秀、药香之地，易有佳人；如果周边是劳动人家，易有勤劳之人；如果周边是尖钻刁伪之地，易有坑骗盗窃之人；如果周边为红灯区，易有浪荡之人；如果周边是毒气污染区，易智商下降；易有畸形病人；如果周边是穷山恶水，易有刁民。

择邻而居是非常重要的，千万不可居住在有污染的地区，特别是有精神污染的地区。

四、秀

秀，秀水。选宅时要注意前有秀水是好住宅。

选择楼盘住宅，看一下整个楼盘前边有否秀水。古人云："山主人丁，水主财。"现在有秀水从楼盘前流过，又是一种大环境的优美，可判定是旺宅福地。

古人又说："龙、穴、砂、水、向"这五个因素，其中水是非常重要的因素。

从前有朱雀，朱雀就是水泽，有水泽为好。

从水法上可分为五类：

金形水：半圆形或全圆形，半圆者以形如怀抱者为旺宅福水，主旺宅福运。

木形水：如一条横木，一条线从前面经过。这为不聚财，匆匆而过，不留顾盼之水。

水形水：如水之波浪形，似"S"形从门前流过，曲则有财，顾盼生情，是旺宅福水，文才之水。

火形水：似火焰，呈三角形，是不聚财源之水。

土形水：四方形或长方形，如半个方形或长方形以形如怀抱者为旺宅福水，否则为不佳。

除用五行分五类水以外，按观察水的方法可分为秀水和恶水。

秀水五相：

1）　水质清澈（清静水）：有此秀水，是旺宅福水，事业顺畅。

2）　气味清新（有如泉水带有甘甜之味）：有此秀水，必头脑清醒，家业兴旺，聚沙成塔。

3）　流水平静或清澄细声有韵律（鸣响水）：有此秀水，必有艺术才华，智慧灵性，快乐地生财有道，事业发达。

4）　形状有若感情（有情水）：流水或圆形如泽或半方形地围绕于前方，为情义深长，义薄云天，做事业为顺利畅通，生意兴隆。

5）　水要环绕弯曲（真爱水）：此水环绕，真挚之爱，为真爱之水。

为做人做事，真爱无比，事业通达，财源亨通。

北京有"秀水街"，此乃"秀水"两字也是旺宅好字。"秀水街"一开街，到21世纪的今天，每天生意兴隆，人气鼎盛。这里，"秀水街"不能说不沾"秀水"两字的光。护沙河"玉带水"也是大吉。

恶水五相：

1) 水质污染（污浊水），是影响人们生活、工作、学习及身体健康。

2) 气味腥臭（臭水），更是影响人们生活、工作、学习及身体健康。

3) 流水怒吼（怒啸水），流水之声太响太大，会影响人听力及精神，家庭成员容易生无名之火。

4) 流水反弓（反弓水），呈三角形，或反弓水，宅主容易心烦，使不专业致志，难聚财运。

5) 有水道无水（泥水），河道裸露，光有泥无有水，是为泥水，是引道宅主无心做事，心情不佳，财运难聚。

前些时候，一位朋友欲造一处好的楼盘（旺宅福地），找到我，让我帮助做顾问，在北京看了二十几个楼盘，他都未看中，我按照他的自然情况，一一列出条件：是投资还是住或经商，是在CBD还是中关村高科技园区，是重大环境还是小环境等等三十余项。最后选择一处住宅：中海紫金苑。中海紫金苑坐北朝南，南边（前边）有南长河，南长河正好到中海紫金苑处有一个水形水出现。对于他正好合适。入住后，朋友非常高兴，公司越开越多，到今年年底，他已拥有五家公司了。

五、明

明，明山。选宅时要注意后有明山是好住宅。

楼盘背后有靠是旺宅福地。所谓的靠山是楼宇或大厦的后方有没有山或楼宇。

然而山形千变万化，至于是什么形的山，可分为：

金形山：山形比较圆，如半球形。是金山旺宅福地。

木形山：山形比较高，比较瘦。形如木，是旺宅福地。

水形山：是三个以上的金形山连在一起，远看有如波浪纹，亦如大海中波涛一样。是水山亦是旺宅福地。

火形山：山很尖，山顶有尖，很多时在同座山有几个尖峰。火山为不宜靠，一是尖角、山石嶙峋，二是容易火山爆发。

土形山：山顶比较平，比较横。有靠是旺宅福地。

以金形山、木形山、水形山、土形山是为有靠。火形山不宜有靠。

但完全符合五行的山不一定那么多。比如你的楼宇后有楼宇，后边的楼宇也做山处理。

在选楼时，选楼靠山时，一定第一先知道哪一方向为楼宇（大厦）的背后方，才可定论。

一般而论，楼宇(大厦)的入口属于前方，若楼宇（大厦）有几个入口，便以居住出入最常用的、出入数量比较多的门定为前方。找出前方之后，再以楼宇（大厦）中心点计算，人朝着前方，背后便是后方了。选择的楼宇（大厦）背后有靠山，这样的楼宇有很多好处：

1. 挡风聚气。

2. 靠山踏实。

有句民谚：山清水秀好人家。还有一句：穷山恶水出刁民。

山有明山和穷山。

明山：要草木茂盛，要平，不要太多凹凸。

穷山：山石嶙峋，甚至多凸出的石头，草木不生。

楼宇（大厦）后有靠山，靠明山，那好处上面已说过有五个。那么靠穷山，该如何呢？

上面民谚已经说明了，选择楼宇时，一定选好背有靠山，且要靠明山才是。

例如，去年大连一地产商朋友，欲购一处别墅，我们在大连转了两天，终于选中一处前有大海相望，后有一处明山为靠的别墅群。买下后，他非常感激。他说：这一回我也学会什么是秀水，什么是明山。

六、护

护，护卫。选宅时要注意左右有护卫是好住宅。

如果一座楼宇能前观大海，后靠群山，山明水秀，是为佳选。但还要细察楼宇的左及右方，就是要看左右手，左右有护持是旺宅福地。

古语有云：前朱雀、后玄武、左青龙、右白虎。

后要有靠山，即是玄武方要有山。

前要有真水，即是朱雀方要有水。

至于左方青龙，右方白虎，究竟适合见山还是逢水呢？

最理想的楼宇大厦的左方及右方都有山，但这些山要矮过靠山，小过靠山，否则，仍未算理想的旺宅福地。

另一种情况，楼宇左右方均没有小山，在旺宅福地上称"青龙砂"、"白虎砂"，但是，楼宇的左右方有楼宇，仍为旺宅福地，是为好。

在旺宅福地理论上，最喜是龙强过虎。

龙即是青龙，指左方，又称为左辅方，左砂手，简称左手。

虎即是白虎，指右方，又称为右弼方，右砂手，简称右手。

龙强过虎，有以下四类：

1)龙高虎伏。楼宇左方的小山或楼宇较高，而右方之小山或楼宇较低。

2)龙长虎短。楼宇左方的小山或楼宇较为长阔，右方的小山或楼宇较为短窄。

3)龙近虎远。楼宇左方的小山或楼宇较为接近自己，右方的小山或楼宇距离却远了些。

4)龙盛虎衰。楼宇左方的小山或楼宇特别多，而右方的小山或楼宇却特别少。

青龙左方，是贵人明现。白虎右方，是女人当权。

左右齐平，得左右护持，也是平安顺利。

七、实

实，坐实。选宅时要注意后有坐实是好住宅。

实者，实质也！

楼宇背后有山，当然属于坐实。

如楼宇背后没有山，便要从以下几点观察了。

1)楼宇后方，如果有一座楼宇是较本身高大广阔的，便属于"坐后有靠"了，亦属于"坐实"之格局。

2)楼宇后方，有几座楼宇高度与本身同高比肩，因为几座楼宇群集在一起，力量亦汇集起来，足够支撑本楼宇，亦属于"坐后有靠"之格局，即是"坐实"也。

3) 楼宇后方，有一座小山丘。但高度却很低，本楼宇比它高出了很多。本是属于"靠山无力"之格，但由于此山是天然的，所以亦可作为靠山，因为天然的环境，对旺宅福地的影响非常大。这座楼宇亦属于"坐后有靠"，亦是"坐实"之格。

4) 楼宇的后方虽然无楼宇，但却比原楼宇矮了一大截的话，则属于"靠山无力"之格了。

坐实"坐后有靠"的格局，在心理暗示上是工作顺利、得到上司赏识，有贵人助，做事能事半功倍。

如果"坐后无靠"的格局，在心理暗示上是工作艰难，不得上司赏识，无朋友助力，做事能事倍功半。

还有坐实朝空是好，做不可立于岩崖立壁之处，在此即使朝空，也是空亡。

八、空

空，朝空。选宅时要注意前面有空间，宅前开阔，为朝空，才有发展，朝空是好住宅。

大城市中像北京、上海、深圳、大连、沈阳、重庆，若在选择楼宇时，一定要坐明山面秀水或大海的，确实十分困难。确实符合格局的房子，又有几人能买起，起价就上万元每平方米，非一般人能应付得起的楼价。

更有些顾客问起："除了背山面海外，还能不能有更好的旺宅福地呢？"我说："有。"楼宇的入口是前方，前方应该是空旷的，有空间，就有发展。在旺宅福地的理论上，前方为明堂，最适宜有水，是为向水。如果前面不是河流，而是马路，也算是向着水的。

古人云："高一寸分即是山，低一寸分即是水。"马路通常是略低的，所以算是虚水。虽然楼宇向着"虚水"，财运不及向着"真水"的好，但也算不错了。向着马路的，最要紧的是马路不呈现反弓或是枪煞形状，便没有

什么大问题。除了向着马路外，还有一种情况，是属于吉利的，便是明堂宽广。因为明堂宽广，前方来气毫无阻塞，楼宇门便能够吸收当运的气。

在环境学上，前方宽广，居者自然心旷神怡。如果前方挤迫，自有一股压力感，居者容易患上神经紧张等毛病。当然，旺宅福地属于气学。一是纳大自然的气，坐实朝空，亦有一番格局。而楼宇的后方称为背或坐。买楼要诀中，最宜坐实朝空。顾名思义，楼宇坐方要实的，才算好旺宅福地。

九、气

气，气息。选宅时要注意纳入旺气、生气、进气为好住宅。住宅门窗生旺是好住宅。使住宅生机盎然。

在选楼时，楼宇的坐向，是很重要的选择要点。重要的是楼宇得向着旺气、生气及进气是为好旺宅福地。

旺气——旺宅福地。有兴旺发达的心理暗示。

生气——旺宅福地。有生机勃勃，事业稳步向前发展的心理暗示。

进气——旺宅福地。前进、广进财源，稳定，稳定发展的心理暗示。

八个方位：

面向着太阳，前方属于东，右方属于南，后方属于西，左方属于北，右前方属于东南，左前方属于东北，左后方属于西北，既然知道了方位，在自己选择楼盘时，就容易知道了。当然也可以利用指南针，不管天阴天晴均可准确把握。

在此选楼要有一事留意：一座四方形的大厦，前方向南方，无论开前中门、前左门或前右门，亦属于前方向南，我们便称为坐北向南。

我们在选楼的户型时，看一下住宅单元的门是否在西位（旺气）、东北位（生气）、南位（进气）。如果是，便是好旺宅福地。

但现在进气口都以阳台采气为主，以户门采气为辅，也就是说：

你的阳台是否向西，即是旺气。心理暗示为做任何事都很顺利。

你的阳台是否向东北，即是生气。心理暗示做事生龙活虎、生机勃勃，进展顺利。

你的阳台是否向南，即是进气。心理暗示做事比较稳定，进步快。

关于入户门及阳台谁为主，我认为，以阳台为主，以入户门为辅。

十、宁

宁，安宁。选宅时要注意住宅的周边是否有市场噪音、火车鸣笛音、汽车鸣笛音、轮渡声音等对住宅的影响。要排除情绪影响。

有一些楼盘、大厦，如果是住宅的话，不要太过于靠近主干线，主干线包括城市的环路、轻轨、铁路、高速公路。

如果过于贴近主干线，那日夜穿梭的汽车、城市轻轨轰鸣呼啸从你卧室而过，你怎能安宁休息，你怎能平安和悦。

所以噪音过强过烈，是一种音煞，在选楼时一定小心为是。

十一、运

运，好运。选宅时注意东四命配东四命，西四命配西四命，东四命配东四门，西四命配西四门，吉星高照是好住宅。有些意味。

在选择住宅时，有向和阳光的配合的因素，可分为正东、正南、正西、正北，东南、西南、西北、东北方向。正南、东南、西南阳光充足；正东，早晨先接受阳光；西向，下午阳光充足，但有西晒之嫌；北向、东北、西北，相对较暗。而在古代有一种特定的说法就是将住宅分为东四宅和西四宅，现介绍一下，仅供参考。

东四：震宅、巽宅、离宅、坎宅。

西四：坤宅、兑宅、乾宅、艮宅。

计算男性公式：(100−出生年份) ÷ 9

计算女性公式：(出生年份−4) ÷ 9

以上两个公式，便可以获得一个余数，如没有余数或除尽，视为9，上述公式所说的出生年份，是仅取个位数与十位数，例如1975年出生的人，便以75代入公式内，1985年出生的人，则以85代入公式。

例如：1975年出生的人，男性：

(100−75) ÷9=25÷9=2……7

商数是2，余数7，七数属兑，故其人为兑卦，也即兑宅。

例如：1985年出生的人，女性：

(85−4) ÷9=81÷9=9……0

商数是9，余数为0，则余数视为9，九数属离，故其人为离卦，为离宅。

余数所属的卦象，视为该人的命卦。各数所属：一属坎，二属坤，三属震，四属巽，六属乾，七属兑，八属艮，九属离。余数是五的男性视为坤，女性视为艮。

震属阳木；巽属阴木；离属阴火；坎属阳水；乾属阳金；兑属阴金；艮属阳土；坤属阴土。知道了五行所属，也就知道了八个方位的所属：

东四：

1. 东方属震，五行属木。

2. 东南方属巽，五行属木。

3. 北方属坎，五行属水。

4. 南方属离，五行属火。

西四：

1. 东北方属艮，五行属土。

2. 西南方属坤，五行属土。

3. 西方属兑，五行属金。

4. 西北方属乾，五行属金。

万事万物都是在相生相克中达到动态平衡的。没有生就没有事物的发生、发展，没有克就不能协调事物发展过程中的不平衡。所以说生与克是同一事物的两个属性，生而有克，克中有生，相反相成，互为体用。同时在生与克到极点时，都会向相反方向转化。

五行相生相克的次序是这样的，五行相生，表示一事物对另一事物有促进增长的作用。

即：木生火，火生土，土生金，金生水，水生木。

五行相克，表示一事物对另一事物的制约和克制作用。

即：木克土，土克水，水克火，火克金，金克木。

口诀是：顺次相生，隔一相克。

对于五行为什么"顺次相生，隔一相克"呢？

原理解释：木生火者，木性温暖，火伏其中，钻灼而生，故木生火；火生土者，火热故能焚木，木焚而成灰，灰即土地，故火生土；土生金者，金居石依山，津润而生，聚土成山，土必生石，故土生金；金生水者，少阴之气湿润流泽，销金亦为水，故金生水；水生木者，因水润而能出，故水生木也。即五行相克，天地之性，众胜寡，故水克火也，精胜坚，故火克金，刚胜柔，故金克木；专用散，故木克土，实胜虚，故土克水。

掌握了五行相生相克的原理，就可以利于五行颜色，对治大门五行之煞气方法。

五行颜色：

金：白色、杏色、金色

木：青色、绿色

水：黑色、蓝色

火：红色、紫色

土：黄色、棕色、橙色

当家宅大门入口有五行之煞冲射时，则可利于大门的颜色或门前脚踏垫的颜色，把煞气克制或泄去。

遇金，可用火色，即红色、紫色克制，也可以用水色，即黑色、蓝色泄去。

遇木，可用金色，即白色、杏色克制，也可以用火色，即红色、紫色泄去。

遇水，可用土色，即黄色、棕色、橙色克制，也可以用木色，即青色、绿色泄去。

遇火，可用水色，即蓝色、黑色克制，也可以用土色，即黄色、橙色、棕色泄去。

遇土，可用木色，即青色、绿色克制，也可以用金色，即白色、杏色泄去。

东四的人适宜住东四。

西四的人适宜住西四。

若东四人住西四，西四人住东四，就可以利用颜色之变调制一下。

我们若找出一家宅的中央点，然后把这中央四周，按东、南、西、北、东南、西南、东北、西北等方位分为八份，则东四人可找出东、南、北、东南四个方位；西四人亦可找出东北、西北、西南、西四个方位。大门开的方位与上边的方位统一或包含即可。如果所遇不合适，那就用以上颜色学克制或泄去。

例如：东四人，其大门开在西方，属方向错位。因西属金，遇上金煞，可用火或水克制或泄去。西四人，其大门在东方，属方向错位。因东属木，则遇上木煞，可用金或水克制或泄去。

一个好的旺宅福地，要符合东四和西四，那样心理暗示会更好。

在选择楼宇时，一定考虑进去。

补充一句，一座大厦是坐南向北，则大厦内的所有单位都是坐南向北，属于南宅（东四人）。如果大厦是坐西向东，大厦内所有单位都是坐

西向东，属于西宅（西四人）。

如果大厦是长方形、丫形、U形的，则其定坐向的方法便以住宅门为主。

东四人：

坐东向西，大门向西，是"东宅"或"震宅"。

坐东南向西北，大门向西北，是"东南宅"或"巽宅"。

坐北向南，大门向南，是"北宅"或"坎宅"。

坐南向北，大门向北，是"南宅"或"离宅"。

东四人适合居住东四"东宅"、"东南宅"、"南宅"、"北宅"。

西四人：

坐西北向东南，大门向东南，称"西北宅"或"乾宅"。

坐西南向东北，大门向东北，称"西南宅"或"坤宅"。

坐西向东，大门向东，称"西宅"或"兑宅"。

坐东北向西南，大门向西南，称"东北宅"或"艮宅"。

十二、动

动，振动。选宅时要注意住宅的周边是否有机场、火车站、市场、大型制造工厂的振动等对住宅的影响。排除心德不安，运势不稳。

机场，每天有上百次的起落飞机，使振动在空气中传动。

火车站，火车的振动、汽鸣声使人心绪不安，运势不稳。

大型制造厂，更有大型机械的起落振动，使住宅运势不稳。

所以选宅时要注意住宅周围不振动排除心绪不安。

十三、颜

颜，颜色。选宅时要注意颜色的和谐，使符合选宅者，且阴阳平衡。符合的颜色及楼层。

楼宇中有的是多层住宅。有的高层住宅，有的低层住宅。但在选择楼层时是非常重要的，也是有学问的。

先看河图口诀：

1，6共宗为水，居于北

2，7同道为火，居于南

3，8为朋为木，居于东

4，9作友为金，居于西

5，10居中为土，居中

每一层楼的五行是根据其本身层数而决定的，在地面的一层，属于第一层。河图口诀为"1，6"共宗为水。所以知道第一层是属水。除此之外，第六层楼、第十层楼、第十六层、第二十一层……皆属水。

而第二层楼，第七层，第十二层，第十七层，第二十二层，第二十七层……皆为属火。因为在河图之口诀中"2，7"同道的数目属火。

至于第三层楼，第八层楼，第十三层，第十八层，第二十三层，第二十八层……都属木，因为河图口诀"3，8"为朋为木，其数目属木。

接下来第四层楼，第九层，第十四层，第十九层，第二十四层，第二十九层……都属金，因为河图口诀"4，9"作友为金，其数目属金。

最后，第五层，第十层，第十五层，第二十层，第二十五层，第三十层……都属土，河图口诀中"5，10"居中属土，又其数目属土。

再看天干、地支：

天干：甲、乙、丙、丁、戊、己、庚、辛、壬、癸。

地支：子、丑、寅、卯、辰、巳、午、未、申、酉、戌、亥。

十天干和十二地支结合出现六十甲子循环。

这六十甲子循环中其中：

甲子年、丙子年、戊子年、庚子年、壬子年，这些年份的生肖是属鼠，在五行方面是属水的。

乙丑年、丁丑年、己丑年、辛丑年、癸丑年，这些年份的生肖是属牛，在五行方面是属土的。

甲寅年、丙寅年、戊寅年、庚寅年、壬寅年，这些年份的生肖是属虎，在五行方面是属木的。

乙卯年、丁卯年、己卯年、辛卯年、癸卯年，这些年份的生肖是属兔，在五行方面是属木的。

甲辰年、丙辰年、戊辰年、庚辰处、壬辰年，这些年份的生肖是属龙，在五行方面是属土的。

乙巳年、丁巳年、己巳年、辛巳年、癸巳年，这些年份的生肖是属蛇，在五行方面是属火的。

甲午年、丙午年、戊午年、庚午年、壬午年，这些年份的生肖是属马，在五行方面是属火的。

乙未年、丁未年、己未年、辛未年、癸未年，这些年份的生肖是属羊，在五行方面是属土的。

甲申年、丙申年、戊申年、庚申年、壬申年，这些年份的生肖是属猴的，在五行方面是属金的。

乙酉年、丁酉年、己酉年、辛酉年、癸酉年，这些年份的生肖是属鸡的，在五行方面是属金的。

甲戌年、丙戌年、戊戌年、庚戌年、壬戌年，这些年份的生肖是属狗的，在五行方面是属土的。

乙亥年、丁亥年、己亥年、辛亥年、癸亥年，这些年份的生肖是属猪的，在五行方面是属水的。

如果楼层与生肖相生、相助为吉；相反，有相克、泄之则不吉。所克之的为中吉论。

例如：吴先生欲购楼，我们分析一下该选几层好。吴先生，一九六四年生人，为甲辰属龙在五行方面属土。

5、0层属土，是相助，可以考虑：5、10、15、20、25、30、35、40……

2、7层属火，是相生，可以考虑：2、7、12、17、22、27、32、37、42、47……

1、6层属水，是所克之，为中吉论。可以考虑：1、6、11、16、21、26、31、36、41、46……

3、8层属木，是相克之，为不吉论。可在选楼时不考虑：3、8、13、18、23、28、33、38、43、48……

4、9层属金，是泄之，为不吉论。可在选楼时不考虑：4、9、14、19、24、29、34、39、44、49……

最后综合论证可选择：5、7、10、11、12、15、16、17、21、25、26等为好。

十四、色

色，绿色。选宅时要注意住宅楼盘的绿化，绿化合适，阴阳平衡。

住宅的周围竹林环抱，则属于吉兆，每竹中碧绿青翠，给人以清新的感受。正面留有一片明亮的洞天，使人豁然开朗，心神安康。

绿色主阴，不宜全是绿色。阴阳平衡就是好住宅。

十五、味

味，气味。选宅时要注意住宅周边的气味和怪味。

要考察一下有无化学污染，毒气污染，臭气污染等，使住宅周边卫生洁净。

十六、讳

讳，忌讳。选住宅时要注意住宅周边（或从窗子望出去看到）是否有殡仪馆、垃圾场、坟场、监狱、公安局、屠宰场、医院、色情机构等。

选住宅时还要注意户型，厨厕忌讳居中。

选住宅时还要注意忌讳楼前种桑、宅后植槐。

选住宅时要注意忌天桥压宅。

选住宅时要注意忌过于阴暗、过于光亮等等。

选住宅时要注意忌讳孤阴煞、孤阳煞等等。

十七、观

观，外观。选宅时要注意住宅的外形不宜缺角，不宜成不规则形、火形、三角形等。

现代楼宇，能够选择方整，是最好的。但也有的楼宇在整体形状上缺位、缺角，这一点要注意。

方位与人物上的对应要注意：

东（震）——长男（31—45男）

东南（巽）——长女（31—45女）

南（离）——中女（16—30女）

西南（坤）——母亲女性老年人

西（兑）——少女（15岁以下女孩）

西北（乾）——父亲男性老年人

北（坎）——中男16至30岁男性

东北（艮）——少男15岁以下男孩

我们可以从这个表的资料知道，大厦某方面脱角，会对那类人不利。

另外注意"突角"也是不利的。

缺角是隐性的，突角是显性的。在选楼时一定要仔细审定。

十八、道

道，道路。选住宅时注意道路不反弓。注意道路不成剪路房。注意道路不直冲。

十九、场

场，磁场。选住宅时要注意（或从窗子望出去）有烟囱、电线杆、锅炉、发电机组的磁场干扰。还有楼与楼之间的距离不宜太挤。曾有一人因担心家对面发电站起火殃及自家，而忧心忡忡，每逢下雨就不安，最后竟产生心理障碍，经心理医生治疗才好。

二十、行

　　行，出行。选住宅时要注意交通出行便利，公交车线路多、地铁、城铁方便，开车出入好行走为佳。交通便利也是要注意的。

易道管理

第三节　易道店铺办公室布局

易道店铺办公室布局金口诀：
朝门看台堂，
花色俱神光。
仓卫地电饮，
总财饰道场。

一、朝：

开店铺：坐北向南为上计。

南向店铺，阳光充足，冬暖夏凉，是大家首选的朝向。

北向店铺，接受阳光少，冬天阴冷，但夏天凉爽，是大家次选的朝向。

东北店铺，先接受阳光，早晨就阳光普照，紫气东来，满室阳光，上午阳光充足，下午略差一些。是大家次选的朝向。

西向店铺，下午接受阳光，满室阳光灿烂，但长时间的阳光照射，有西晒之说，是大家次选的朝向。

东南、西南向均为阳光充足，冬暖夏凉，但不是正四向。

东北、西北均为接受阳光弱一些，冬天较冷一些，但夏天较凉爽，也不是正四向。

此八个方位还是坐北向南为上计。

二、门：

门为店铺的气口，有气才有生机，是店铺与外界换气的气口，也是店铺与外界交通出入口，大门布局——和气生财：

1. 大门要是旺宅福地，阳气旺，生机勃勃，用生旺之气，带人气，人气旺，自然财气旺。如增加光照，灯笼等。

2. 大门两边要有护卫，平安生财。如放门墩、麒麟、狮子、发财树等。

3. 大门直冲，气流太大。

4. 大门外弓，忧心忡忡。

5. 大门被剪，心理压力。

6. 大门路歪，多绕路程。

7. 三门直通，有风直冲。

8. 门对门角，常有对视。

9. 门对尖角，常有担心。

10. 门对下坡，容易跌落。

11. 进门见厕，门口有味。

12. 进门见镜，照人担心。

13. 大门细高，不符美学。

14. 增加光照，财源必到。

15. 增加灯笼，生意兴隆。

16. 增加花卉，增福添贵。

17. 增加门墩，门口厚存。

18. 增加麒麟，福地生金。

19. 增加貔貅，门口生威。

20. 增加大象，心里吉祥。

21. 大门戴帽，美观大方。

三、看：

大环境、中环境、小环境、微环境、人文环境及外部环境及内部环境。

四、台：前台布局注意事项。

前台布局——山环水抱，顾盼有情。

1. 前台要开阔有水，形成水抱之气。

2. 前台要有靠山，形成山环之气。

3. 前台不宜看到电线杆、变压器、大烟囱、建筑的尖角迎门。

4. 前台不宜被横梁所压。

5. 前台不宜被直冲。

6. 前台不宜两通。

7. 前台左开右藏好。

8. 前台右开左藏好。

9. 前台不宜被外弓之路射过来。

10. 前台不宜被剪刀剪过来。

11. 前台不宜摆饮水机。

12. 前台要形象露，收银藏。

五、堂：

一个明堂：窗户可望到（水）明堂开阔，事业畅达。对于店铺办公室就是接待区布局。接待区布局原则——藏风聚气：接待区的沙发要布局成U形或半圆形等。使其气凝聚，形成向心力。客户一旦落座，就不会走开。忌布局成直形或"直"形。接待区的窗户不宜全透明，那样泄气，使客户流失。要半透明透光，有明朗的感觉，使藏风。接待区要温馨宁静，宜静不宜动，要让客户能稳住，所以不宜放置一些大物件的东西及花哨的东西。

接待室的布局主要注意：

（1）接待室最好容易出入，易于识别，有公司Logo为佳。

（2）接待室设有随手可翻阅的报刊、纸、笔。

（3）接待室坐椅要舒适、简洁。

（4）接待室要有一幅或几幅反映主人风格的画或图片。

（5）接待室不宜悬挂羊头、兽骨、骷髅等物及开膛、破肚、断头、鹰、虎的图片。

六、花：花卉布局——喜气洋洋，富贵满堂。

1. 大门口要有花，根据公司名称不同，放置不同的花。

2. 太极点一定放花，使整个店铺办公室兴旺。

花语：边角点缀之处要放花，使整个店铺办公室有生气鲜花和植物的布局对居室起到喜庆和生机的作用。店铺办公室内摆放一些常绿植物，可带来生机无限。如铁树、橡树、喜木蕉、黄金葛、宽叶榕、散尾葵、虎尾兰、富贵竹、发财树等等。

七、色：

天地万物都可由金、木、水、火、土五种元素构成。

因此五行也可配五色：

青色：为万物萌芽之色，为温和之春；

红色：为火燃烧之色，为炎热之夏；

黄色：为黄金之色，为土之色；

白色：为清凉之秋，为金属光泽之色；

黑色：为寒冷之冬，为深渊之色。

综合为：木为青色；火为红色；土为黄色；金为白色；水为黑色。

五色在中国古代有特殊的意味：

青色代表永恒和平和；

红色代表幸福和欢喜；

黄色代表财富、高贵、力量；

白色代表雅洁、悲哀；

黑色代表沉稳、破坏。

借助颜色装饰、烘托店铺，是商家品牌经营的最新营销理念。

第五章 易道环境

八、具：家具是店铺办公室中的用品，是饰物的一种。

家具的材质有很多，有木质的，塑料的，金属的、石制的、水晶的。

木质的属木，塑料的属火，金属的属金，石制的属土，水晶的属水。木质的家具是纯天然的最好，无磁场干扰。塑料的家具是合成的高分子，有化学元素，有放射性和不稳定性。

金属的家具是金属，有吸收热量和传导热量的作用。最好不摆放金属家具。

石制的家具是大理石或玉制品，大理石有很强的磁场，吸收能量释放能量。

玉制品有更强的吸收和释放能量。

水晶的家具有水晶制作的，有强大的能量场，可吸收能量。

书柜与文件柜应该靠墙壁放置。

九、神：神位。

店铺办公室祈祷，有一定的布局：

1. 神位要有靠，背后要靠于墙上。

2. 神位要清静、避免噪音干扰。

3. 神位要放置干净之处，避免有不干净之物干扰。

十、光：店铺办公室阳台布局。

店铺办公室一般阳光灿烂、交通通畅、空气流通为佳。但不可过透。

十一、仓：

仓库，店铺办公室储藏室或仓库要——进、销、存、清。

十二、卫：

店铺办公室卫生间布局以清洁、简洁、空气流通为原则。

（1）卫生间要隐蔽，开放式卫生间不提倡。

（2）卫生间位置不宜设在居室的中央，因为卫生间是污染区，它处于中央，一个居室就全部接近污染区。

（3）卫生间要经常保持清洁，以免污浊之气蔓延。

（4）卫生间要通风，保持空气的流通。

（5）卫生间最好不正对总经理门，影响情绪。

（6）卫生间最好不正对神位。

十三、地：

地毯是居室中点睛之笔。

要用亮色系比较好，最好不用暗色系。

当然必须调解心理的平衡时，可以用暗色系。

要符合五行平衡。

十四、电：电器属火性，有电磁波放射干扰。

空调不能直接吹头或从后面吹来。

电脑摆放也应该注意干扰。

十五、饮：

饮水机是我们的家庭中新增加的伴侣，很是麻烦。

1. 饮水机不宜放置厨房中，如放置厨房中要远离火口。

2. 水机放置厅中时，要远离冷风机、空调机。

3. 饮水机不宜放在收银台旁。

4. 饮水机不宜放在卫生间内。

5. 饮水机不宜放置在卧室内。

十六、总：总经理办公室布局

（1）总经理办公室不要太大或太小，太大奢侈，太小不利于工作。

（2）总经理办公班台不可太大太小，太大喧宾夺主，太小工作不便。

（3）总经理办公班台后要有墙为佳，有窗无墙，背后无靠山之感。

（4）总经理办公室是财务的胜算之地，一定要有保险柜及麒麟、貔貅、水晶等饰物。

（5）总经理办公室的坐椅之上无横梁，有横梁压抑。

（6）总经理办公室中可安放宗教祈祷位。

（7）总经理办公室中不宜有色情图片。

（8）总经理办公室的隔断不宜用"刀把"形。

（9）总经理办公室养鱼要选择吉祥鱼种及注意条数。

（10）总经理办公室不宜放置一盆仙人掌。

（11）总经理办公室从窗向外不宜见有弓形路直冲面来。

十七、财：

财务象征着树上的成熟果实，是企业聚集财源的地方。在布局时一定要以安定、隐蔽、纳财为原则。收银处风水——藏、真、稳、生。藏，安全、保密，有生机。真，不冲，和谐，有真气。稳，不动，积聚财宝。生，有生气，财源滚滚。最好有财神爷。一尊财神，黄金变真；东西放左边，收银好赚钱；风扇吹吹，收银肥肥；灯光上照，收银快到；大叶片片，钞票翩翩。

财务室布局要点：

（1）财务部要设在安静（非动荡）之处。

（2）财务部要设在安全之处。

（3）财务部要设在有生机之处。

（4）财务部要门、窗结实以防被盗。

（5）财务部要设保险柜。

（6）财务部最好不设洗手池，有流水心理暗示流财。

（7）财务部窗外最好不见锅炉或电磁波等火性物质。

（8）财务部窗外最好不见有刀剑楼角之物劈来。

（9）财务部窗外最好不见坟场、殡仪馆、医院、监狱、垃圾场、色情行业等。

十八、饰：

居室饰物布局的原则是以吉祥喜庆的祥瑞之物和色调明快的风格为主。不宜布局成暴力之器物或色调沉重之氛围。

吉祥喜庆的祥瑞之物：麒麟、貔貅、五帝钱、财神、福财、寿神、禄神、喜神、土地神、中国结、如意、牡丹花、山水画、仙鹤、花瓶等等。

不适宜的图片及器物：开膛、破肚、断头、流血的人像，暴力、淫秽、鬼怪的图片，还有兽骨、牛头、羊头、从不知来处拾来的怪物等等。

还有一些刀、剑、枪、炮、地雷等等。

十九、道：

道路，直冲、外弓、剪刀均不宜，信息流与磁场。

二十、场：

市场部办公室布局：

内环境中市场部是非常重要的业务部门。适合于在出入口附近，布局的原则是宜动、宜找、宜出入。市场部不宜太大，不宜挤，显示业务繁忙。下面就市场部的布局说上几条注意事项：

(1) 市场部要设在出入口附近，便于识别。

(2) 市场部面积要大小适宜，有坐椅，方便接触客户。

(3) 市场部宜敞开式办公，市场人员口径一致。

（4）市场部要布局亲切、温暖，有人情味。

（5）市场部不宜太大，而人员又太少。

（6）市场部可以小一点，而人员多一些。

（7）市场部的颜色宜用亮色调布局。

（8）市场部不宜设收银台。

（9）市场部的窗不宜见到刀剑、棱角之物劈来。

（10）市场部的窗不宜见坟场、殡仪馆、医院、监狱、垃圾场、色情行业等。

（11）市场部的窗不宜见锅炉或电磁波等干扰性物质。

办公室布局的五一法则：

第一法则：一个主题：总经理办公室（木）

第二法则：一个吉祥物：镇宅物或行业尊神（火）

第三法则：一个和谐的环境（小太极）（土）

第四法则：一个财位：财务室（金）

第五法则：一个明堂：市场部等，窗户可望到（水）

几种常见店铺的布局要点：

美容院布局要点：

1. 大门，大门布局——和气生财。

2. 前台，前台布局——山环水抱，顾盼有情。

3. 展区，产品展览区布局——蓬荜生辉、流连忘返，吸气带财。

4. 接待区，接待区布局——藏风聚气。

5. 美容室，美容室布局——喜气温馨，财源常新。

6. 花卉，花卉布局——喜气洋洋，富贵满堂。

餐馆的布局要点：进门处应选择吉祥健康的颜色。

饰品店布局要点：色彩应做规整设计，局部可用射灯，突出商品的富贵。

咖啡店布局要点：格调要统一，以自然光线为妙，窗外风景很重要。

花店布局要点：空间应充足，保持植物花卉的水分，枯叶及时修剪，垃圾及时清除。

旅馆布局要点：入口处要宽敞，最好有水景和绿色植物。用艺术品可以提高品味。

常见易道店铺办公室的布局案例：十二个

一、金融业的环境布局

（一）布局条件：

布局者姓名：Mr Wu（原名略）

性别：男

出生日期：一九六三年

地址：金融街

（二）布局观察：

此金融大厦门朝西方，此大厦为东四宅，符合法人生辰，大厦的西方有一大块空地，为停车场，北方有院，院北为楼宇，为玄武山，东方为楼宇，为青龙山，南方为道路，为朱雀开阔，西方道路为白虎，此金融大厦的风水环境合风水布局。唯一的缺点是法人属兔，此门朝西有点犯冲，且西方路为白虎，冲门，是谓美中不足。

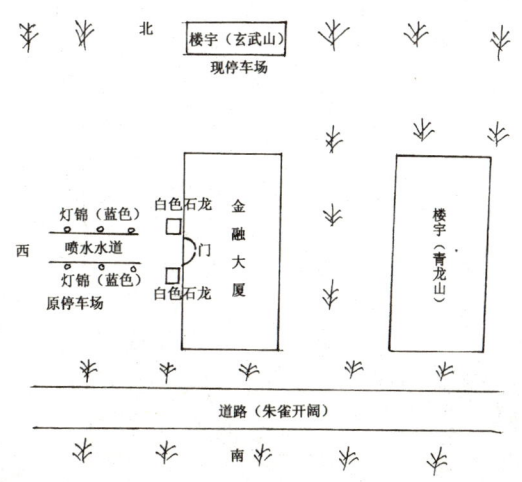

（三）布局建议：

建议把停车场改为大厦的北方院中，在大厦的西方增加一道喷水水道、灯饰。在地上建一水道，内装置喷水灯饰，灯光采用蓝色，以化解白虎，大门与生辰的冲射。

（四）布局创意：

在大厦门的两旁可加放两只白色石龙，龙口对西方之水道，以利财。

（五）布局原则：

金融业的环境布局，以四正局风水合局为佳，其财气定旺盛，也可增加水的信息流磁场，因水主财。

（六）布局总论：

金融业的环境布局以四正局为主，结合法人生辰，增加水的信息，则其事业就会财运亨通。

二、房地产公司的环境布局

（一）布局条件：

布局者姓名：Mr Zhong（原名略）

性别：男

出生日期：一九五五年

布局地址：复兴门大街

布局坐向：坐西向东

面积：400平方米

（二）布局观察：

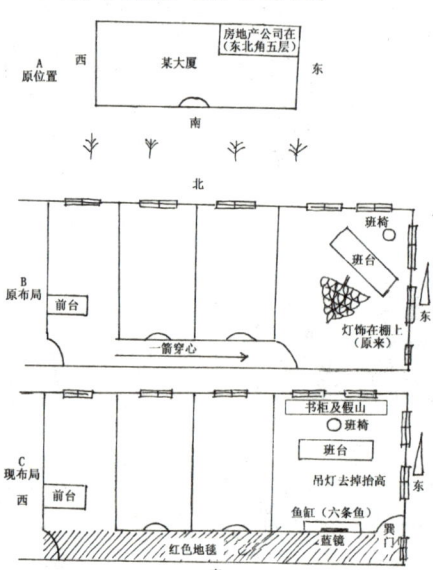

此房地产公司位于一座大厦的东北角方位，位于5层，公司门朝南方，东南角为巽门。一进门为总服务台，经理室位于东北角，钟先生命宫为离宫，东四宫。今行政方位处于西四位，与命宫不配，且气口之气流沿通道可直通经理室门，形成不利之煞气场。进入经理室见老板桌东北放置，桌后为一排大窗，背后无靠。往东观察，东方一高楼，北墙之刀壁煞直射经理室。北方阴煞之气须洞冲射，对公司形成不利磁场。经理有宝顶壁吊顶，太低，且有高低落差，受压制之象。我当即断道：您的公司九七年官非，破财；九八年略有好转，但好景不长，从九九年至今，公司是年年亏损。钟先生连连点头，赶紧追问化解之法。

（三）布局建议：

1. 建议把老板桌面南背北，经理室门开在巽方，经理室内色彩以青色为主以配命宫。把天花板抬高，清除落差。

2. 在南墙上正对东方楼壁煞方位挂一大蓝镜，在老板桌的北方加一橱柜，橱柜中摆放一盆假山石，以橱柜及假山作为玄武相靠。

（四）布局创意：

在正对老板桌的南墙处放置一圆形大金鱼缸，以纳财气。

三、物业管理公司的环境布局

（一）布局条件：

布局者姓名：Mr Gan（原名略）

性别：男

出生日期：一九六六年

（二）布局观察：

此物业公司处一小区的西北角方位。公司的东方为绿地及小区水池，为青龙得水为吉象。公司的西方为建筑物与公司有一巷相隔，为白虎，南方为道路，北方为小区铁栅墙，墙外有一条小河。公司的北方空旷，无靠山，为玄武落水，主凶。公司门朝南方，门前正对有棵松树和冬青，门前的路曲折向南。

（三）布局建议：

1. 因西方建筑物离公司太近，不利。宜在西方墙外放置二串五帝旺，以化解白虎煞气。

2. 公司北方玄武无靠不利，可利用建筑小区假山的剩下的石料布置一座小型假山，作玄武山使用。

3. 把公司门向南的路取直，把松树

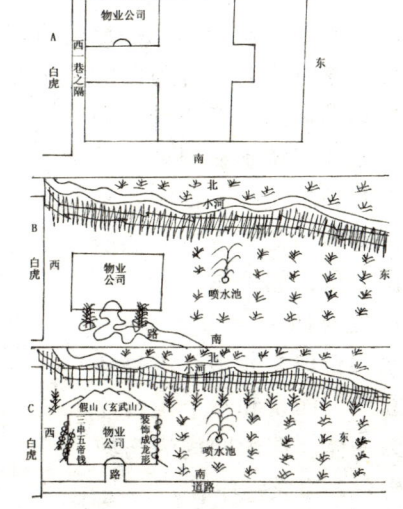

及冬青移开，因门前为明堂，宜开阔，无障碍物为佳。法人为西四命，此门为东四门，可把门做成黄色，在门内铺一黄色地毯来化解。

（四）布局创意：

在公司东方屋顶上装饰一结龙形，龙形对东方水池，以增加青龙的信息流的力度。

（五）布局原则：

物业管理公司，要环境布局配合法人生辰，凡是管理型的公司要四正卦吉，则事业顺利。

（六）布局总论：

此物业管理公司四正卦不吉，西方不吉用五帝旺可化解，且有生财之意。北方不吉，要只为造玄武山来化解，东方因有水，可加龙形，以吸纳水汽，门前明堂要布置开阔。

四、药店的环境布局

（一）布局条件：

姓名：Mr Zhong（原名略）

性别：男

出生日期：一九五四年

布局地址：和平里

面积：300平方米

（二）布局观察：

此药店位于路北一综合商场的二楼，此综合商场南为道路，西为道路，东方、北方各为楼房。从大环境上来看尚可，此商场生意还算红火，但此药店却生意不佳，原因是在二楼不显眼处。外部只在二楼挂一横牌，某某药店。此药店位二楼西南方位，门处东南方，门口处有两个大型空调机，收银台位东北角，不是独立的，而是和整个柜台连为一体。店内四周为药架柜台，形成一环形。

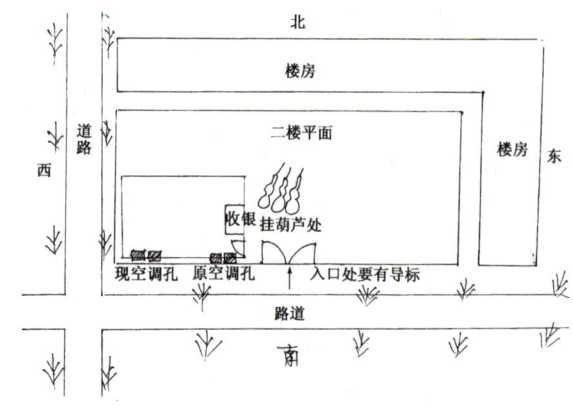

（三）布局建议：

1. 此药店因位二楼，一楼没有什么标识作引导形成信息流的断层，处于自我封闭状态。建议在一楼各进入口处设引导牌示或导购员，或在门厅处设置免费医学咨询，检查等平台设施。

2. 药店门位东南，门口两个大型空调阳气太盛，宜放于店的西南方位，达到阴阳平衡。

3. 收银台应单独分出一块地方，宜位东方，靠近门口处。一是东方为吉地，二是位门口也方便收款。

4. 店内的销售形式过于封闭。如中成药等应开架销售，以便和顾客拉近距离，多作一些医疗保健宣传及相关服务。

（四）布局创意：

在药店正东方位悬挂三个大木葫芦，葫芦外刻画观音形象，内藏六字明咒，具有催财、转运、保健康之威力。东方位此店，灭医之位。

（五）布局原则：

药店一般以风水环境、大型电器、收银台为主。要合风水之法。

（六）布局总论：

此药店为国营单位，以重视内外风水环境为主。要在销售及宣传上多下点工夫，因宣传也是风水中的一部分，因天时、地利、人和三者不可分割。宣传是调动人体信息磁场的催化剂。

五、商业市场的环境布局

（一）布局条件：

布局者姓名：Mr Wei（原名略）

性别：男

出生日期：一九七二年

地址：亚运村

面积：2000平方米

（二）布局观察：

此商业市场位路东，南为停车场，北方为两栋二十多层的商务楼，西楼中间的过道正对此市场，此过道空隙狭窄，如用刀用半空斩成两半，此谓天斩煞，天斩煞为凶煞，严重者公司引起血光，

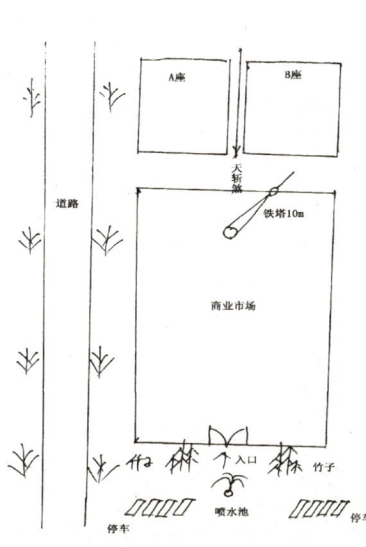

且此商场管理混乱，效益不佳，开业至今，摊位未租满。

（三）布局建议：

1. 建议在商场的正北方正对北方天斩煞的方位建造一高于商场的铁塔，塔高10米。

2. 进行以上风水布局的同时，商场还应大力招商，拟定一优惠政策，加大宣传力度等一系列软环境。

（四）布局创意：

此商场门朝南方，门前为停车场，可在门前规划出一定区域，增加一些风水景观。如花式喷水池，摆放盆栽修竹等。既可观赏，又有风水内涵。

（五）布局原则：

商场的布局原则要以外环境为重，只要大环境好，此商场就人气旺盛。一个商场的兴旺发达，还要看此商场管理者的素质及软环境。

（六）布局总论：

此商场的环境布局，首先要阻挡天斩煞的冲射，此处为风煞，主木，宜用铁物阻之。铁塔具有收聚外界煞气之用，且门前增加秀水，经此二步调整可给商场增加财气。北方为玄武山，主权力，管理力度，加塔以振之。相辅相成。

六、书店的环境布局

（一）布局条件：

布局者姓名：Mr Chong（原名略）

性别：男

出生日期：一九六三年

布局地址：复兴路

面积：1000平方米

（二）布局观察：

此书店门朝南方，南方为路，正对门的南方为地铁入口处，两个入口，一个处东南方，一个处西南方位。正南为地铁入口道房，其一书店与道房相冲；其二，两个地铁出口处形成的地气阴

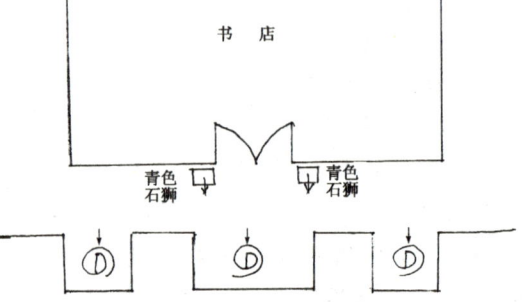

风对书店形成夹击之象，干扰了书房的环境磁场，阴盛阳衰之象。

（三）布局建议：

建议在门两侧各放一青色石狮，以阻挡其不利之信息磁场（煞气），因狮子口大，具有收聚煞气之作用，俗曰：狮子大开口，化煞又化灾。

（四）布局创意：

在南方大门气口处增加中央空调之通风口，使此处的通风增强，以加重气流的转换。龙乘云，虎乘风，狮为百兽之王，以乘风，狮为乾卦，位离方为矢心正局，纯阳兴旺之象。

（五）布局原则：

书店的环境布局一看外部大环境，二看离卦环境如何，离者，火也，火主文采，主文昌，文昌旺则书店兴旺。

（六）布局总论：

此书店的布局为外部环境与卦位结合共布之法，离卦主火，加青狮，主木，木火通明之象，为文采飞扬，且以狮化煞，又暗含天心正局之法，此为连环布局法，一箭双雕。

七、服装店的环境布局

（一）布局条件：

布局者姓名：Ms Chong（原名略）

性别：女

出生日期：一九六八年

布局地址：地安门大街

面积：70平方米

（二）布局观察：

此服装店位于路南，门朝正北，西方为道路，东方为别家商号，经过测量后，我说此店只适合卖春秋天穿的衣服。女老板瞪大眼问为什么？我说此处春秋天衣服卖的比较好，财气旺。但夏天和冬天衣服却卖不动，这两个季节财气差。女老板说

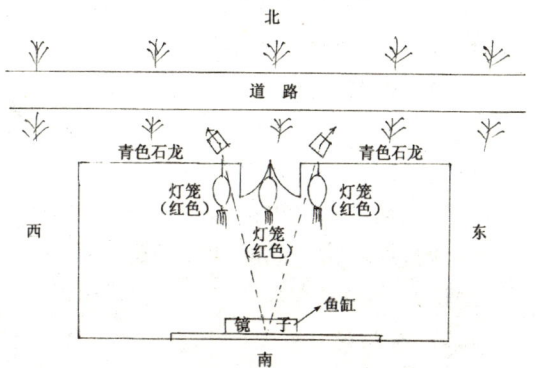

原来如此。这几年一直是这样，都形成规律了，现在这儿只卖春秋装，冬装和夏装都不敢进了。这不，所以才请您来给指点一下。

（三）布局建议：

建议在南墙上做一面大镜子，正对北方之气口。南为财位，以向店内反射财气之信息流。

在北方门口上方悬挂三只红色圆形灯具，取南方离卦，离数为三，离为财，女老板为坎宫，为离入坎方，水火既济，得财之象，离火主夏，坎水主冬，水火相济，阴阳调和，以沟通夏冬之财路。

（四）布局创意：

在门两侧各放一小型青色石龙，龙头朝东北、西北两方，以龙身作一标准线，以龙尾向店内延伸相交于服装店南墙镜子中心方位，在北方位摆放一鱼缸，内装水。为青龙聚财局法。

（五）布局原则：

服装店的环境布局首先要符合命宫，此服装店门向宅向都符合命宫，只是在小环境上有不利的因素，可以因地施变，把不利变有利，甚至能布出神奇之局势，这就是有病方为贵，化腐朽为神奇。目前此店不光卖春秋装、夏季的女装、冬季的皮装，卖的火爆，远近闻名。

（六）布局总论：

服装店的环境布局，首先要结合生辰、命宫，其次要结合换季的月份来调理风水，重要的月份如正月、7月、10月、12月，要把这几个月的环境调理好，这几个月是服装的大卖点。这几个月生意好，即一年就生意兴旺，此点为环境布局中秘。

八、化妆品公司的环境布局

（一）布局条件：

布局者姓名：Ms Wang（原名略）

性别：女

出生日期：一九六七年

布局地址：和平里街

经营特点：化妆品的开发销售

面积：2000平方米

（二）布局观察：

此化妆品公司位于路东，西方为道路，东方为青龙山层叠，为吉，缺

点就是路西为一蓝色玻璃幕墙楼，每天上午，由于对面玻璃幕墙的反光，化妆品公司被一片蓝色的光亮所覆盖，蓝亮刺目，连生意都受到了影响，此谓犯光煞之例，光为电磁波能，从西方发射而来则能影响顾客及公司职员的情绪，使情绪不稳定，从

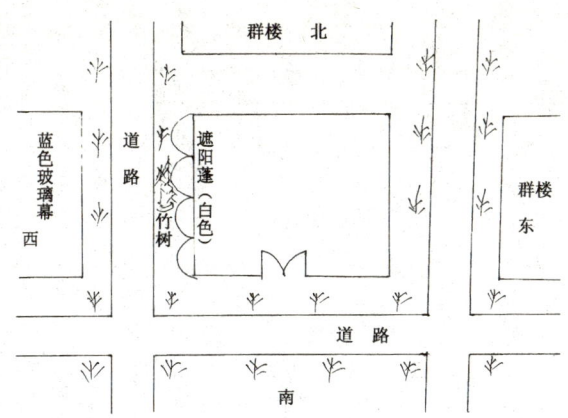

而影响了生意，且蓝光属水，阴性，对眼睛不利，宜及时化解。

（三）布局建议：

1. 建议在西方增加遮阳篷，篷成弓形，白色，以遮阳且有反射之功能。

2. 在西方摆一排修竹，竹子属阴性，且中空，有传导电磁波之功能，运用竹叶的摇动来打乱吸收其电磁波场性。蓝色主水，绿色主木，水生木，相生则化。

（四）布局创意：

还可在西方作一滴水帘景观，让水滴在竹上，或把滴水帘与化妆品公司的广告嫁接起来形成一景观。意在以水来化解其光煞，因水有聚集电磁波之作用，且有旺财之意。

（五）布局原则：

化妆品公司的布局，重视四正卦，四正卦吉，则财气好。

（六）布局总论：

化妆品公司一要看周围环境，二要看西方白虎，白虎主金，主美女之象，且为桃花，色白，为粉面桃花之意，其方环境布局合风水，则利容颜，是化妆品公司之发展的重要一条。

九、珠宝公司的环境布局

（一）布局条件：

布局者姓名：Mr Chen（原名略）

性别：男

出生日期：一九六五年

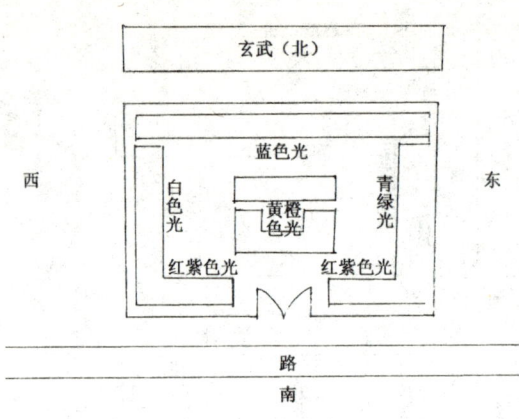

地址：光华路

面积：200平方米

（二）布局观察：

此珠宝公司位马路北方。大环境北有玄武有靠，南有大路为朱雀戏水为大吉。大门位离方，门前台阶为四层不吉。进入门内，中间为珠宝专柜，四周为一圈柜台，与一般珠宝公司店没什么区别。

（三）布局建议：

建议把门前的台阶改为三层或五层，四层为阴，不利。

建议改善公司店内的灯光设施，形成一独特风格。利用方位五行布置灯光色彩，把不同的珠宝首饰按不同的风格形成来划分到不同的区域内，在北方专柜运用蓝色光源以体现珠宝的清爽、恬静、开阔明朗的风格。在西方运用白色光源来体现珠宝的单纯、洁净、率直、坦诚的风格。在南方运用红色、紫色光源来体现热烈、高贵、典雅、豪华的风格。在示方运用青绿色光源来体现珠宝的清新、希望、生命力、坚毅的风格。中间的专柜运用黄橙色光源来体现光明、忠诚、尊贵的珠宝风格。在以上的运用中灵活搭配，用灯光色彩营造一个五彩缤纷的珠宝世界，尽展珠宝的思想魅力。

（四）布局创意：

运用不同的五行风格真人来做珠宝展示。

（五）布局原则：

珠宝公司环境布局一要符合风水格局；二要运用一定的特色如珠宝的品味、做工、环境展示的相应搭配等要提出其层次。

（六）布局总论：

珠宝公司的环境布局要朱雀开阔，南方为离，离者丽也，美丽之意。所以在环境布局中要特别富丽堂皇，要上品位、上层次。不论在环境还是在商品上，符合这个原则就生意兴隆。

十、美容院的环境布局

（一）布局条件：

布局者姓名：Ms Wang

易道管理

性别：女

出生日期：一九七六年

布局地址：黄寺大街

面积：80平方米

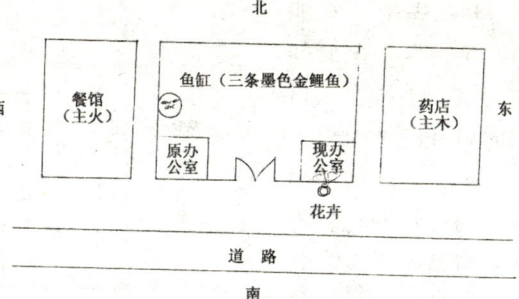

（二）布局观察：

此美容院位街道北部，门朝正南方离位，符合王小姐之生夺命宫，为吉。美容院的东方是一家药店，西方是一家新开的餐馆，餐馆主火，西方主金，金被火克，金为五行财位，财位受克，生意自然受到了影响，东方的药店属木性，与五行环境相符为吉。王小姐的办公室处在二楼西南方位，与命宫不相配，西南为坤位，王小姐命宫为离火，离火生坤土，耗泄之象，不利。

（三）布局建议：

1. 建议办公室改为二楼东南方位，东南属巽木，以木生火。

2. 建议在西方兑位放一圆形鱼缸，内放三条观赏的墨色金鲤。鲤鱼主水龙，属木，以化西方餐馆之火性。水龙主贵客，水木相资，青龙戏水，才可贵客临门。

（四）布局创意：

在一层东南角巽位摆放盆藤萝植物花卉。以加强东南之木性信息流，有助于提高员工技艺及增加顾客之意。

（五）布局原则：

美容院一般以女性为主，在风水调理上，一要看内部环境有无不利。二要运用易理来调整兑卦、巽卦、离卦之位，此几方位专主女性及与女性相关之生意事业。

十一、中式饭店的环境布局

（一）布局条件：

Mr Lino（男）一九六四年七月二十一日午时

地址：翠微路与玉渊潭路交叉口（具体地址因保密略）

坐向：坐北朝南

经营特点：粤菜

面积：258平方米

（二）布局创意：

Lino先生，东四命，生肖龙，坐北朝南为东四宅符合入口门向（开门纳财口）。

入口（开门纳财口）易通畅顺达，不入狭窄挤撞低矮。观入口，站在入口平行方位（即坐北朝南向），看到对面有两根烟囱，是为阴煞，

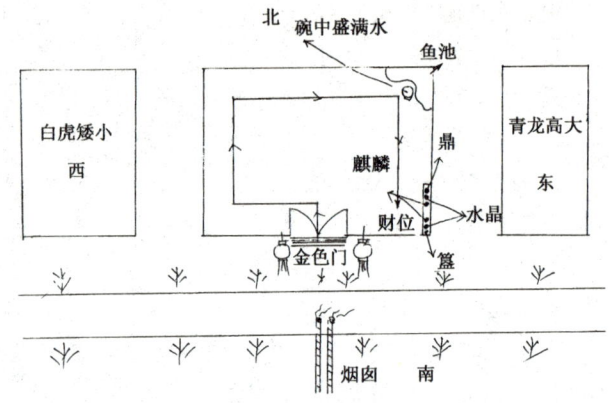

为害为重，建议用金色间隔磨砂之门回辟，宜可用悬挂两个大红灯笼来扫煞，亦起到招财和扫煞之作用。

从入口（纳气口或叫纳财口）走进大厅，见有横竖各5排摆放20多个餐位。有零乱无序之信息流流向不清之嫌。入厅后磁场不强且无序减弱，到收银台处是入即出即，应重新布局。布局为大的桌子大餐位，即餐位宜靠两边顺排，向中央渐渐减弱为小桌子（即小餐位），信息流要入门后向大餐位及小餐位流动均顺畅为佳。顾客一般流向似水流（水流即财流），先从入口入后向西再向北、向东、向南流到收银台。收银台为财位（在东南角），背向做一博古架上放置一些与酒店有关的物品及正中设一文财神位。两边放置水晶及麒麟及簋或鼎之物来镇宅招财纳宝。

饭店西墙上要挂一串五帝钱。饭店北墙为阴性之地，要有一明镜或夏季风水画来调剂阳气，使阳气带人气，使人气旺财气。

（三）布局原则：

1. 东四命之人属龙在饭店的选址布局上要符合东四宅，如不符合要以门向来化解，以色彩来化解。

2. 收银台的方位要选在财位或吉方，不可选在凶方。还要兼顾五行生克，收银台为金性，不可面向南方，如面向南方，收银台要做成黄色、棕色，以化解南方之火，使火生土，土生金，循环相生，形成生生链，以利财。

3. 饭店最主要的为灶台，古曰：窑烧三山，气烟九岭及凶恶，灶火为凶，宜放于凶方，不宜放吉方位，东四命之人，宜放于西方、西北方、西

南方、东北方为吉。灶台宜朝向吉方，向东方，北方，南方，为坐凶向吉为妙。

（四）布局总论：

饭店的布局总论，还是一个人气旺盛的问题，可于饭店的东北方位放置几个大鱼池（或水池），以利人气，人气兴旺，必财气旺。因东北为艮主山，艮覆碗，覆碗意为没饭吃，加水，碗中盛水，水主财，意为饭店财源如水源。

十二、家具店的环境布局

（一）布局条件：

布局者姓名：Mr Li（原名略）

性别：男

出生日期：一九六八年七月初九

布局地址：南三环大红门路侧

布局坐向：坐东向西

经营特点：家具行

面积：2000平方米

（二）布局观察：

李先生的家具行坐东向西，有三个气口进入，一个在西南方，另一个在西北方位，第三个在正西方。其一，李先生为西四命，此宅为东四宅，但门朝西，符合李先生命宫，起到补救作用。但李性属木，又做木性生意。西方中间之门为兑门，兑主金，为金克木，于生意不利。其二，此店的宅基由于与外面的路有高低落差，李先生为了进出家具的方便，把门口全部都做成了斜坡，虽然起到了方便的作用，但却违反了风水的原理，其生意怎会旺盛呢？其三，家具行内部的家具的摆放过于松散、零乱，不规则，则其商品的信息流混乱，人入其内则人气混乱，财气得不到流通，商品各部位形成一个个死角。

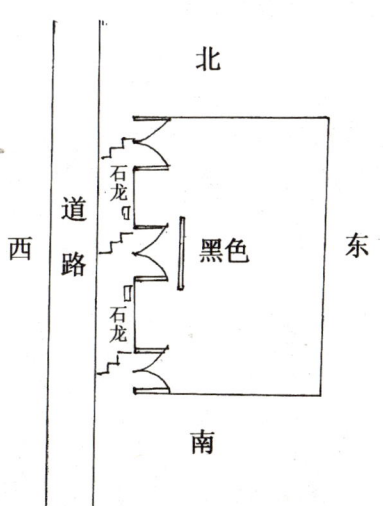

（三）布局建议：

1. 在中间的门内放置一黑色的屏，来阻挡从西方进入的金气，且黑色属水，金见水则泄气，气往左右分散，金生水，水又生木，形成生生链。

2. 把三个门口的斜坡去掉，改成三级低小的台阶，即可化解此斜坡的煞气。

3. 内部家具的摆设，从总的布局上要符合东方青龙高大，西方白虎低矮，北方玄武高大，南方朱雀开阔的风水布局，要把高大的家具摆在东部，北部，把低小的家具摆在西部、南部，形成一定的视觉落差效果，整齐有序，把过道环布其中，不要留有死角，要用道路引导顾客进行观察的路线，最后都汇聚于收银台周围。因整个大厅为一大气场，路为财路，意为财路汇聚之意，收银台可位于中宫之位。因李先生为坤宫，中宫藏坤艮之宫，以通八方，收纳八方之财路。

（四）布局创意：

在以上调整的基础上可作以下创意布局：在中间大门的南北两侧各放置一只黑色的石龙，面对西方马路，这在风水学上可吸收生旺之磁场作用，以化金气为财，水又生木，以利生意。

（五）布局原则：

家具店的布局原则首先在布局中尽量不用金属一类的东西，由于要避开西方金气的冲射，多用黑色之色彩，以起通关作用。还要在布局上符合风水中所要求的格局问题，如青龙高大，白虎伏远，玄武高大，朱雀开阔等。

（六）布局总论：

家具店首先要配合法人之命宫、生辰，如不合要以化解，避开一切不利因素。如家具店旁近湖泊、小溪、水池更佳。因水可生木，木旺在调整时可用少量金属，木衰弱则不用。总之要合风水原理。

第四节　易道行业尊神布局

易道行业尊神金口诀：

木农建药行，

火电科教商，

土地牧产业，

金融贸易良，

水智文玉皇。

一、农业神

神农：即农业之神，神农最初为采集之神。"神农尝百草之滋味，一日而遇七十毒"。后来演变为农业之神。

二、酒神

酒神是酿酒作坊所供奉的职业神，《世本》："杜康造酒"。仪狄始作酒醪，辨五味。因此，酿酒业多以杜康为酒神。

三、装饰业神

装饰业，即木工业，以鲁班为神。因鲁班以能工巧匠之著称，而被尊为木工神。

四、市场神

市场神，又称利市仙官，为市场供奉的保护神。《通俗编》："俗传利市仙官是一种使人发财的神，我国北方，每年新年必将利市仙官的像，贴在门上，以求吉利，商人更是如此。"

第五章 易道环境

易道管理

五、文字神

文字神即发明文字的仓颉，传说他首创文字，《世本》："黄帝使仓颉作书"，因此被奉为文字鼻祖。

仓颉像

先圣像

六、儒圣文化神

儒圣即孔子，名丘，字仲尼。春秋末期思想家、政治家、教育家、儒家创始人，历朝历代把孔子神化，还不断加封，成为圣人，神人，为历代统治阶级、学府、知识人士所膜拜。

七、文昌神

过去私塾、学校必尊神，除先圣孔子外，就是文昌神了。

八、医药神

药神，又称药王神。民间流传很多：有黄帝、神农、扁鹊、华佗、李时珍、孙思邈等。

九、武神

武神指姜太公，他本为西周名将，后视为神，掌武事。民间常立"姜太公在此百无禁忌"石刻。

十、道教神——三清

三清：元始天尊、灵宝天尊、道德天尊。

十一、玉皇

玉皇是天上的皇帝，是天界的最高神。

十二、后土

后土娘娘又名承天启效土皇地□。

真武帝君

易道管理

十三、三界之官

三官神：又名三元神、三官大帝。

十四、玄武

玄武，又名真武，真武大帝。

十五、碧霞元君

传说为东岳大帝之女，宋真宗封为天仙王女碧霞元君。

十六、道教祖师

张天师，即东汉五斗半道的创始人张道陵。

十七、神仙—八仙

八仙有：李铁拐、汉钟离、张果老、吕洞宾、何仙姑、蓝采和、韩湘子、曹国舅。

第五章　易道环境

十八、护法——关公

关圣大帝，又名关圣、关公，即三国时关羽，字云长。

十九、快乐布袋

布袋和尚，又名大肚弥勒佛。

關雲長像

图 287　布袋和尚

易道管理

二十、日神、月神

日、月之神。

二十一、喜神

喜事之神。

二十二、魁星

魁星，本为奎星，主文运之星。

二十三、福神

福神是福运之神，主宰人间幸福。

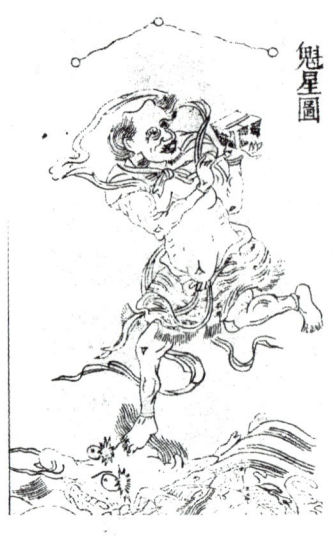

二十四、寿神

寿神又名寿星，因起源于星辰崇拜而得名。

二十五、禄神

禄神又名禄星，司禄。

二十六、五路财神

五路财神又名五路神。

二十七、城隍

　　城隍神，又称庸神，因护城沟渠而名曰城隍。

第五章　易道环境

二十八、窑神

老君，因会炼丹被尊为窑神。
好家好运好日子，
旺宅旺财旺福气。

易道管理

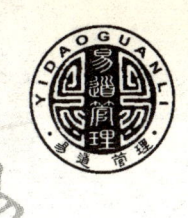

附　录

一、《易经》六十四卦与管理日课

六十四卦与管理

1. 乾卦：说明为君之道，要保持大和谐；告诫您要效法天道，自强不息，力求有所作为，造福于天下。但要注意盛极而衰之理，应时刻自我警惕与节制。

2. 坤卦：强调您应效法大地的宽容，以宽厚德行负载万物；同时，也要见微而知著，行为无褊狭而方圆，内直外方，德行宏大。

3. 屯卦：要求您在艰难困境中必须意志坚定，不为强暴所屈，不为反常所动摇，应当知明辨取舍之道，不可盲动。

4. 蒙卦：要求您要培养正直品格，终身养性；在事业中坚定信念，不可见异思迁，不可脱离众人，不可好高骛远。

5. 需卦：告诫您不论遇到什么险事，只要有信念和信心，最后即可亨通。坚守正道就会吉祥。在事情发展时，应等待时机，待机行事。在陷入危险时，不可逞强，应顺应变化，才能化险为夷。在实际中要注意以柔制刚。

6. 讼卦：强调您处事应慎重思考，不可鲁莽行事，以防争讼，在许多情况下，隐忍自励方为上策。

7. 师卦：要求您在任何情况下都要坚持正义，讨伐邪恶，要伸张正义，才会吉祥。在权力使用中，若能刚毅中庸，又有巩固的核心，自然吉祥无祸。

8. 比卦：告诫您相亲相辅才会有利。若在一个团体中，人人相亲相辅，互谅互爱，诚信待人，就会得到整体的吉祥。

9. 小畜卦：告诉您，当自己的积蓄力量尚不足从事某种事业时，要尽力积蓄力量，美化德才，以利发展。在工作中，与正当的人携手并进，不

离中庸原则，就有会迷失前进的方向。

　　10. 履卦：强调您要心胸坦荡，执著纯正，不为世俗所乱，自然吉利。恃才傲物，过于自负，一意孤行，必有危险。

　　11. 泰卦：说明只有阴阳沟通，才能康泰。您要懂得阴阳变化的规则，在实践中遵循阴阳变化的辩证法：阴阳适度，刚柔并济，虚实相宜，奇偶相连，内外相合，乐极生悲。

　　12. 否卦：说明您在条件不允许时，不能才华毕露，不可过分炫耀与进取。要含蓄而进。要自保以持时。您要安不忘危，存不忘亡，治而不忘乱，可安身立命。

　　13. 同人卦：强调您要重视大同，不计小异，求大同，存小异。这是您必要的管理策略。

　　14. 大有卦：要求您不能持权或威而盛气凌人，盛极必危，自我约束才能免祸。威严并非以冷酷态度使下属提心吊胆。应平易近人，诚信为本，自然能产生威严。您只有诚信，谦逊，顺应自然，崇尚贤能，才能吉利。

　　15. 谦卦：表明作为一位管理者要懂得天的法则是满盈亏损，谦逊增益。谦逊能逢凶化吉，谦逊得到共鸣必吉祥。

　　16. 豫卦：要求您要顺应时机而行动，像四季一样循环不止，就不会有偏差，您只有顺时而动，赏罚公正，下属才能说服；在胜利、成功和喜悦到来之时，要警惕乐极生悲。

　　17. 随卦：强调您应当择其善者而追随之，即要追随品格高尚，才华突出，刚强有利的人。这样，才能使下级服从。崇尚高尚者，自己也会高尚。

　　18. 蛊卦：要求您应随时以自新精神反复思考，谨慎从事，不论在什么情况下，您应具有隐士般的高尚气节，坚持正确的言行。

　　19. 临卦：强调您应以自己的高尚品行来感召和影响人民，以刚毅中庸之德来感召下属，德威并济，故无不利。作为领导者能高瞻远瞩，任用贤能，就可无祸。用智慧和中庸之道来进行管理，对下属能柔顺敦厚，宽以待人，吉祥也。

　　20. 观卦：强调您要善于观察，不可轻举妄动。要随时注意观察下属的言行，研究他们的心理变化，才能知道自己的作为是否正当。

　　21. 噬嗑卦：告诫您，凡事如不能亨通，中间必有障碍，必须消除障碍，才能亨通。对障碍的态度要刚强正直，不消除决不罢休。同时，还要采取必要的策略。

　　22. 贲卦：告诫您要注意必要的形象修饰和美化，使自己的形象文明

化。不管在什么情况下，形象的力量却是必要的。

23. 剥卦：告诉您要宽厚对待下属，这样，本身的地位才能安泰。因为基础稳固，其上安稳，才不会剥落。

24. 复卦：说明您在行动时要遵循天地之理的"天、地、人感应"变化，即顺从自然道理而行。您若有违理之行时，则应及时改正，这样就可无悔，大吉大利。

25. 无妄卦：告诫您，干什么事情，都应有个限度，如突破限度，则物极必反，故不可逞强向前，逞强则有损。

26. 大畜卦：强调您要修行道德，坚守正道。具备刚健笃实的美德，才有光辉。且日新月异，崇尚贤能，又能使刚健适度而止。有利于克服各种艰难险阻，顺应天理则昌，违背天理则亡。您要不断地扩大自己的学识，提高德行，以利于行。

27. 颐卦：告诉您要谨慎言语，节制饮食，修身养性，而不应颠倒违背常理。

28. 大过卦：申明您用人要量才而行，只有过度的才能才可胜任过度的重任。平庸者，不胜重荷，不可用。若用，则凶。"栋梁不弯，将要折断，凶；栋梁高、隆起，能负重荷，吉。"

29. 坎卦：强调您要懂得因时制宜的道理。在困难和险情面前，既要有不怕艰辛的精神，又要有谋略。遵循这一治险原则方可化险为夷。

30. 离卦：强调您要有光明磊落的人格，阳刚果断的气魄，柔顺中正的品德，并把自己的能力和智慧紧紧地依附与人民之中，则能无往而不胜。

31. 咸卦：告诫您要虚心待人，能宽容人，与人为善，与人为合，坚持正直才能吉祥。办任何事都忌讳心神不定，犹豫不决。

32. 恒卦：强调您要坚持原则，坚持自立立人的准则。可随机应变，但不改变方向，不丢原则。那些动摇不定，缺乏恒心的人，是不能成就大事的。

33. 遁卦：说明您在必要情况下，要做出某些退让或退避。这种退避，一定要掌握好时机，不该退避时切不可退避，该退避时则毫不犹豫地退避。此外，退避并不是目的，您要等待时机，迎接新的挑战。

34. 大壮卦：告诉您，只有坚守正道，才能壮大。壮大需要有高尚的德行，英明的决策，灵活的策略、巧妙的方法伴之。

35. 晋卦：告诉您在行使管理时，一定要取得众人的信赖，决不要只为了自己的晋升而不顾下属的恩怨；管理者，居高位而能得到下属支持，

后悔就消失了，不必为得失担忧，吉祥。光明磊落，不计得失，则前进有利。在计划和决策某些方案和目标时，一定要防患于未然。

36. 明夷卦：告诉您在失败时，要反省自己，以吸取教训，然后再前进。您要注重韬晦。此外，还告诫您，如果对什么事过于仔细、认真，明察秋毫，巨细皆严，表面上好像很认真，实际上反而脱离人民，"水清则无鱼"，达不到管理目的。您要做管理者的事，不能包办代替，不能越俎代庖。

37. 家人卦：告诫您的行为要有一定的准则。管理一个单位或一个部门，犹如治家一样。家长诚信而且严于治家，吉祥。因为自己经常反省自己，严于律己，以身作则，就能受家人尊敬，产生威严，自愿服从。

38. 睽卦：要求您与下属之间相互信任，就不会不灾难，若相互猜疑，缺少信任感，就必然凶。

39. 蹇卦：说明您遇到困难时，需要自我反思，分析困难产生的原因，找到解决困难的方法，修养自己的品德去努力克服困难。

40. 解卦：要求您要有克服困难的方式方法。首先要判定自己行动的有利方位；其次要确定自己行动的有利时间，然后采用中庸正直之法，即可克服之。

41. 损卦：告诉您，为了治理国家，有时不得不使局部受到损失，或丢弃某些局部。但是，治理必须坚守取之于民用之于民的原则，方可取得人民的信任。在管理中，必要的形式是不可少的。但要注重形式与实质的统一，行动或行为不能违背或违反事物演变的规律。管理者还要特别注意制怒，对自己的食欲自扼，以减损过多的欲望，增益天理。

42. 益卦：告诉您，风善则追随，有过则改，可得增益。您应以恩惠诚意去对待下属，下属也以同样的行动去回报。只有此时，您才可大展宏图，那种只注重自己的私利，不顾别人的人，其命运必凶。

43. 夬卦：说明您对那些专以阴谋诡计行事的卑鄙小人，要坚决地揭露其阴谋行为，告诫人民谨防上当。此外，您干什么事都要考虑周全，深思熟虑，否则，必定有灾，没有远虑，必有近忧。

44. 姤卦：强调您要刚柔并济，因时因地制宜，就能使其抱负大行于天下，成就事业。当然，您的行动一定要得到下属和群众的支持，脱离群众的管理者是不会成功的。

45. 萃卦：说明品德高尚、才华出众的人可吸引、凝聚、领导群众。但是，聚集应以动机纯正为条件。管理者应是动机和效果统一论者，那种只讲动机，而不看后果的管理者是不会赢得大多数人的拥护的。

46. 升卦：告诉您，待人要诚心诚意，则万事可成，顺着应该做的事去做，必然吉祥。

47. 困卦：说明您尽量不要使自己陷于各种困惑之中。即使处于困境中，还要坚定自己的行动目标。为这实现目标，应有献身精神。解救贫困，不可操之过急，要因势利导，尽力审慎而行。

48. 井卦：告诉您，提拔选用下属必须注重德才的统一。为政之道在于选择和用贤。

49. 革卦：强调革新。它告诫您在需要变革时，要毫不犹豫地采取变革行动。变革须要正大，一切应按大自然法则而进。改革的时机要选择恰当。改革者要先行改革也，才行为大吉，即为顺应时势，变革自己才能吉祥。

50. 鼎卦：告诉您，应以端正稳重的态度，凝聚而完成天赋之命。您要刚毅而不失温情，大吉大利，刚柔相济，无往不利。

51. 震卦：告诉您戒惧慎重，自我反省，进修待业，才能吉利。在处理矛盾和问题时，要坚持中庸原则，不偏不倚，可使矛盾问题化解。

52. 艮卦：告诉您，不论在什么情况下，保持内心宁静，就可达到忘我境界。内心保持安静，必然理智冷静，能适可而止，不会有灾。当止则止，当行则行；动不失机，静不失正位，前途必然光明；当止则止，自我约束，适可而止，为吉。说话中肯，条理分明，就可消除后悔。言语谨慎，可免灾祸。

53. 渐卦：告诉您，事物的发展，矛盾的出现都有一个循序渐进的过程。因此，干什么事都不能一蹴而就，要有一个轻重缓急之分。否则，不懂事物变动的法则而盲目行动必凶。

54. 归妹卦：告诫您要目光远大，能从原因看到结果，从结果看到原因，知其利弊，先筹谋划。万事行成于谋，以谋而断，必吉。

55. 丰卦：陷示着丰盛、盛大。但丰盛中隐伏着危机。您要从事物的变化中预测到事物发展的趋势。

56. 旅卦：告诉您要明察而慎重地采用奖惩之法，迅速处理矛盾而不要拖延。您处世必须柔顺，有节。不可倨傲，倨傲者必自毁。

57. 巽卦：告诉您在决时要讲究科学，要进行各方面论证，但拍板决策时，优柔寡断是要不得的。该断不断必出其乱，只有果断，才能把握时机，才有利，利者吉。

58. 兑卦：强调高明的管理者应具有处柔内刚的品格，应天顺人，才能使人真正悦服。凡事以使人民喜悦为先，因而人民就会坚定也跟着你

走。您要与人和谐而不同流合污。

59. 涣卦：告诫您，在实施过程中，切不要使人心涣散。人心向背对于任何管理者来说都是至关重要的。涣散就形不成合力。没有合力，就一事无成。管理者宝贵的品格应是减私为公，只有为公，才能光明正大，事所必详。

60. 节卦：表明节制是美德。但节制要适度。您的自我节制很重要。私欲人人皆有，但您的私欲节制是管理权威树立的必要条件。您要心安理得地节制自己，柔顺得正，管理才能通道，事业才能亨通。

61. 中孚卦：告诉人们要诚信而又坚守正道。这是符合天的法则，行为遵之，则吉。

62. 小过卦：强调您要脚踏实地，既不要固执己见，又不要放弃原则，要因时而变。

63. 既济卦：说明若事业过于完整则僵化而失去活力。且物极必反，过于正必将又陷于混乱。您要追求发展，力求完善，但也力保活力。这是一个高深的道理。坚守正道才有利，但坚守正道，又要常常变通解决错综复杂的矛盾。而矛盾使事物的发展永远处在不断完美之中。活力就存在于您不断地解决矛盾之中。

64. 未济卦：表明事物发展设立没完成。因为它是一个无穷的变化序列。在事物发展中，充满了各种发展的可能性。您要站在高处，审时度势，把握事物发展的规则，驾驭事物，使自己成为管理的主人。

二、《道德经》日课

道德经乃老子悲天悯人，一片济世之苦衷，函谷关青羊肆之遗留也。

是以无极而太极自然无为之真理，散而为五千，字字珠玑，句句玄妙，无一不是真机妙诀，故孔子尚有"犹龙之叹"何况吾人岂可不重乎，足证老子之学是何等之宝贵，岂虚言哉，如能研之悟之，终身用之，有不尽者也。

于是道德二字看来简单，其实深广莫测，出口则非，有言则差，离言语离形相，惟恍惟惚，有可悟而不可解之说，实有其因也，何况出于文字更不是道，若不言不解，对于真理更不能明白，故对于本经之句解，实乃不足于道，只以最简单而最短之句解，使学者容易明了本文之义，作为学者之参考而已，并不能以此作为实理，至于真道实理，不出言语戏论，须在不言不说，不立文字之中，令有所属，实悟实行如如也。

观妙章第一

注：观察宇宙无为妙相的第一章。

道可道，非常道。

注：上道为生天生地生万物的道，可道为言说，乃云生天生地生万物的道因无形无相，如果可用言语说出来，即不是自然不变的真道。

名可名，非常名。

注：道本无形无相故不可名，如果可以名相者，即不是自然不变的名。

无名天地之始。

注：没有名的那个东西，是在未有天地之前就有了，所以没有名的那个就在天地之前始。

有名万物之母。

注：无极由无名而有名而入太极，故强名曰道，道而后德此乃有名，此即造化万物之母。

故常无欲以观其妙。

注：所以人要自然无欲清静，方能体合自然无为的妙道。

常有欲以观其徼。

注：有欲者动也，动者要出于自然之和，方能合乎真德之窍。

此两者。

注：道可道非常道，名可名非常名，此第一个两，无名天地之始，有名万物之母，此第二个两，故常无欲以观其妙，常有欲以观其徼，此第三个两。

同出而异名，同谓之玄。

注：那三个两所包含之真义，名称虽然不同其实都是同样的玄妙。

玄之又玄，众妙之门。

注：无朕兆无端倪谓之玄，云玄之至极至于不可言不可想，那个是生生化化之原始门。

观徼章第二

注：观者而生其心也，徼者发而中节之德，云观察宇宙至德的第二章。

天下皆知美之为美，斯恶已。

注：天下之人，知道好美的事才要做，这是出于有为的，所以这等于

是恶的。

皆知善之为善，斯不善已。

注：天下之人，知道善好的事，才要去做，这也是出于有为的，所以这等于不是纯善的。

故有无相生。

注：故为事之因，所以天地之间有形相与无形相，是互相生的，一切有形相之物皆由无形所生出来的，然后有形之物灭了，再归于无，此乃有无之对待也。

难易相成。

注：困难与容易是互相形成的，难为大事，易为小事，大事必由小事做起故能成，小事必勿忽略以难行之故能成，故难易之事是相对待。

长短相行。

注：长与短乃互相形成，无短岂有长，无长岂能现短，此长短乃是相对待也。

高下相倾。

注：高与下互相倾倒，高必由下起，泰山聚众土而成高，故无下不能立高，是以下能倾高，无高不能现下，故高能倾下，是相对待也。

音声相和。

注：音与声互相和合，音为小声，声为大声，故音为声之本，无音岂能有声，无声岂能知其音，如无电视之声岂能现出电台之音否，无电台之音岂能有电视之声，此音声是相对待也。

前后相随。

注：前与后互相随形，无前不可现后，无后不现前，此前后之相对待也。

是以圣人处无为之事，行不言之教。

注：所以圣人之处事以自然无为而行，不以声色又不住相而以身作则也。

万物作焉而不辞。

注：化育万物而不辞劳苦。

生而不有。

注：圣人处事如同天地之德，发育万物而不自有其德。

为而不恃。

注：圣人之处事，不恃其能也。

功成而弗居。

注：圣人处无为之事，至于成功而不自居其功也。

夫惟弗居，是以不去。

注：说到立德之事虽不自有其功，不自居其德，而其功德不去也。

安民章第三

注：不乱谓之安，安泰民人之第三章。

不尚贤，使民不争。

注：贤字非圣贤之贤，是自夸之贤，人人不自夸不自能不自，而民自然无争，社会安泰。

不贵难得之货，使民不为盗。

注：稀贵之物谓难得之货，如金玉珠宝之类，世人对于稀贵之物而不以为贵，则不会起贪心，心既不贪，个个如此，则民人自然不会为盗贼。

不见可欲，使心不乱。

注：见之难得之货，不起贪欲，心如不见，则心自然泰定。

是以圣人之治，虚其心。

注：是以圣人之治事，而无一物之所系，而无一物之欲，空空荡荡处其虚灵不昧之心。

实其腹。

注：圣人充实内才，理备而道全，心如虚空，涵养万物。

弱其志。

注：圣人弱其不与人计较长短之志也。

强其骨。

注：圣人强著无为处世，自强不息之骨气，而有精进不怠之心也。

常使民无知无欲。

注：圣人以自然之理，无自知无自见，无自是而无贪欲之教，行施于民人。

使夫知者不敢为也。

注：圣人之教化万民，使民知其无为之至理，而民知理则不敢乱为悖理之事也。

为无为，则无不治。

注：百姓得圣人之教化，个个行无为之妙德则天下至矣。

不盈章第四

注：大道充塞宇宙而不满的第四章。

道冲而用之，或不盈。

注：大道之冲散于天地，布满宇宙，放之弥满六合而不溢，而永远适合中道不会满出来。

渊兮似万物之宗。

注：大道之玄之又玄，深广莫测，无穷无尽，为生天生地生万物的根源。

挫其锐。

注：锐为人心中自私自大之反常行为，故要揣治人之尖锐。

解其纷。

注：解其人心中的纷乱（心无纷乱必是理智）。

和其光。

注：融合一切光明（是法平等）。

同其尘。

注：不弃人同于尘俗（一体同然）。

湛兮似若存。

注：大道湛寂，无声无臭，好像有个生生化化的根本存在。

吾不知谁之子。

注：吾乃老子之自称，云吾不知这道是从那里生出来（是老子之自问）。

象帝之先。

注：这句是老子之自答，象是形象，如日月星辰，帝是万物之主宰，云形象之类必是道为万物之先。

守中章第五

注：不偏不倚谓之中，天下之正道日中，无中万物不立。

云：修道人守中道的第五章。

天地不仁，以万物为刍狗。

注：天地本至仁，何曰不仁，人心反常以至于不可救之时，天地也不能施出他的仁了，把万物当为刍狗一样而弃之也，刍狗是草人也。

圣人不仁，以百姓为刍狗。

注：圣人本至仁，何曰不仁，人心反常以至于不可救之时，圣人也无法施出仁之手去救他了，无奈把人抛弃了如刍狗一样了。

天地之间，其犹橐龠乎。

注：橐龠是冶铸所用之风箱，此风箱内空，动则有风出来，云：天地之间果真像是一具风箱。

虚而不屈，动而愈出。

注：风箱内面空虚，愈动则风愈出，犹如天地间空虚一样，动则生万物也。

多言数穷，不如守中。

注：老子叹道：说得那么彻底有什么用呢？不如守着天地间本有中道就是了。

谷神章第六

注：谷是空谷，神是真神，行容虚空中有真神，云虚而有神之第六章。

谷神不死。

注：虚空中的真神是万有之真神，所以永远存在而不死。有之真神，所以永远存在而不死。所以永远是谓玄牝。

是谓玄牝。

注：玄是无极牝为太极，玄牝是无极而太极的真理，生生化化的主脉。

玄牝之门，是谓天地根。

注：玄牝是造化之本故曰门，故玄牝是谓天地之根本。

绵绵若存，用之不勤。

注：绵绵乃继续不绝，不勤是无穷尽，造化宇宙万物的谷神曰玄牝，此是永远存在而不灭的，在天地之间的功用是无穷尽的。

无私章第七

注：无私乃不分贵贱、高下、亲疏，谓无私（大道之行也）。

云：无私的第七章。

天长地久。

注：天地长久不灭。

天地所以能长且久者，以其不自生。

注：天地所以能有这么长久的寿数，就是天地无私不择贵贱高下亲疏。

故能长生。

注：所以天地能这样的长生。

是以圣人后其身而身先。

注：是因为圣人之处事，体天地之道，先人而后己，不为先于天下，而天下之人莫不推尊而仰为圣人，故其身未有不先于人。

外其身而身存。

注：圣人以道德为本，以假体色身为末，不求显荣于身，而天下之人莫不尊亲于圣人。

非以其无私也。

注：圣人以诚而无私，而成其私，所以无私之人反成其私。故能成其私。

故能成其私。

注：圣人因为大公无私，所以成为圣人，故成为其私。

若水章第八

注：好像水一样善良的第八章。

上善若水。

注：最善良好像是水。

水善利万物而不争。

注：水的善利益万物而不计较。

处众人之所恶。

注：水之善它能够在众人厌恶不去做的事，水去做。

故几于道。

注：所以水之德性就近于道了。

居善地。

注：水喜欢居住在安静无事的地方。

心善渊。

注：水的心最善良，不贡高能和万物之性，所以水它都处在最下的

地方。

与善仁。

注：水的德最善最仁，施万物不伐其功，利万物不求其报。

言善信。

注：说起来水最有信用，万物要他，他就给他。

政善治。

注：水润万物升为雨露降入河流，其善治于世间也。

事善能。

注：水之善去垢煮食，润泽乾坤，随宜妙用是世上最能的一项。

动善时。

注：水之行动不违天时，皆行则行，皆止则止也。

夫唯不争，故无尤。

注：水与万物不相争，所以说到水之七善不争的事，所以水是不可幽怨的德也。

持盈章第九

注：把持盈满的第九章。

持而盈之，不如其已。

注：要把持盈满之时，不如这样平平常常的时候就行了，因盈满之时必有倾失之患。时必有倾失之患揣而锐之，不可长保。

揣而锐之，不可长保。

注：凡是过于锐利之刀器，因过于锋利之关系反不能长保。

金玉满堂，莫之能守。

注：金与玉虽然很多，这是身外之物，不能永远存在的物，一口气不入，金玉易主也。

富贵而骄，自遗其咎。

注：富贵而骄傲于人，是自己遗下了愆过也。

功遂身退，天之道也。

注：事之成功，名誉显耀了，不可留恋于功绩及名望，还是把身退到功名的圈子之外才合乎天的道也。

玄德章第十

注：无形无相之德的第十章。

载营魄抱一，能无离乎。

注：身中所秉载的魂魄不散乱，合乎真理要能不离自然之道。

专气致柔，能婴儿乎。

注：不杂之真气曰专气，非外来之气也，专气致以无思无虑之柔，要能合乎婴儿一样之纯。儿一样之涤除玄览，能无疵乎。

注：洗除博古通今之自大心，能至于至善无病之地。

爱民治国，能无知乎。

注：爱民治国能如无知一样，才能明白四达。

天门开合，能无雌乎。

注：天门曰人心，开合曰动静，人心之动静要能合乎自然之安恬柔弱。

明白四达，能无为乎。

注：人通达于一切，要能如无私无为之境界。

生之畜之，生而不有。

注：天地之德发育万物，长养万物，而不自有其德。

为而不恃，长而不宰。

注：圣人之处事不恃功德，至于长大成就，圣人也没有为人上之心。

是谓玄德。

注：这样叫做无形无相的德。

虚中章第十一

注：虚无之中的第十一章。

三十辐，共一毂。

注：三十支的轮股，共在一个受辐的空窍。

当其无有车之用。

注：其车轮中间有一个空处，所以车轮才可以用。

埏埴以为器。

注：以泥土制陶器。

当其无有器之用。

注：陶器因中间有一个空处，所以那陶器才有容物的可能。

凿户牖以为室。

注：开门户开窗子做房屋。

当其无有室之用。

注：其房屋中间必有空处，所以房屋才可以用。

故有之以为利。

注：所以有形相之物质，拿来做利用的器具。拿来做利用的器具。

无之以为用。

注：无形相之空处，才能容物之用途。

为腹章第十二

注：充实内德的第十二章。

五色令人目盲。

注：青、黄、赤、白、黑为五色，形容五行世间的形形色色使人看得眼花不清，如目盲一样。

五音令人耳聋。

注：宫、商、角、征、羽为五音，形容五行世间的种种尘音，真使人听得耳乱不清，如耳聋一样。

五味令人口爽。

注：酸、甜、甘、苦、辣为五味，形容五行世间之种种口味，真使人吃得口爽。

驰骋田猎，令人心发狂。

注：走马疾奔行猎取乐，真使人心乱发狂。

难得之货，令人行妨。

注：珍贵之物能使人行出伤人害己的事。

是以圣人为腹不为目。

注：所以圣人充实内德，而不被五色、五音、五味、驰骋田猎，难得之货之各种名目所惑。

故去彼取此。

注：所以人要去目而为腹。

易
道
管
理

宠辱章第十三

注：得其惠爱，受其欺罚的第十三章。

宠辱若惊，贵大患若身。

注：得惠爱、受欺罚都觉得可怕，得荣耀之贵，亦如视之有大祸患加身一样（如同战战兢兢一样也）。

何谓宠辱若惊。

注：怎么说得惠爱也要怕？受其罚也要怕呢。

宠为上。

注：宠是得到上面的惠爱。

辱为下。

注：辱是受人之欺下。

得之若惊。

注：得了惠爱且喜且惧（惧有颠坠之患）。

失之若惊。

注：受了欺罚失去惠爱，惧毁前程。

是谓宠辱若惊。

注：这叫做得惠爱，受欺罚均有惧怕之心也。

何谓贵大患若身。

注：什么叫做得荣耀之贵，犹如临祸患一样呢？

吾所以有大患者，为吾有身。

注：我所以有大的祸患，就是因为我有看重身体的关系。

及吾无身，吾有何患。

注：如果我没有看重自身，那我又有什么祸患呢。

故贵以身为天下者，可以寄天下。

注：所以能把看重自身之心换过来做天下事者，就可以把天下事交给他了。

爱以身为天下者，可以托天下。

注：能把自爱其身的心，换过来爱天下之人者就可以把天下人的生命，交给他了。

道纪章第十四

注：大道纲纪的第十四章。

视之不见名曰夷。

注：大道无相以肉眼是见不到的，所以叫做夷，夷是无色之义。

听之不闻名曰希。

注：大道无声以肉耳是听不到的，所以叫做希，希是无声之义。

搏之不得名曰微。

注：大道无形以手是捉摸不到的，所以叫做微，微是无形之义。

此三者。

注：此夷、希、微、这三项。

不可致诘，故混而为一。

注：希、微，本不可以极尽其义，并不能以言语形容出来，所以把他混合起来归纳于一理而强言也。

其上不曒，其下不昧。

注：大道一理之真在圣而不增不光，在凡夫而不减不昏。

绳绳兮不可名。

注：大道之真至于万物接续而不绝，不可以名。

复归于无物。

注：有形之万物灭而再归于无形之夷，希微也。

是谓无状之状，无象之象。

注：所以这叫做无形状之状，无形象之象。

是谓恍惚。

注：所以恍恍惚惚，此道如在之前后左右。

迎之不见其首。

注：但是要去迎上接见它时，却不能发现它的头角。

随之不见其后。

注：它是来去无骓进退无影所以也见不到它的尾影。

执古之道，以御今之有。

注：固执在万有主宰的古道上，而来配合现在万有。

能知古始，是谓道纪。

注：若能知道到古道的原始，至于此者，这叫做大道的纲纪也。

不盈章第十五

注：善为士者不盈满的第十五章。

古之善为士者，微妙玄通，

注：古之学道得精微的人，他通达到极微少的妙理。

深不可识。

注：深奥到不可想象的境界。

夫唯不可识，故强为之容。

注：讲到大道的妙理是不可言而不可以想象的，所以老子就是勉强以微妙玄通四个字把它形容出来的。

豫兮若冬涉川。

注：善为士者之处事即如冬天过河一样（战战兢兢如履薄冰）。

犹兮若畏四邻。

注：善为世者之处事好像畏惧四邻一样（十目所视十手所指）。

俨兮其若客。

注：善为士之处事，好像做宾客一样（不敢大意放肆行动）。

涣兮若冰之将释。

注：善为士者，处事行动出来，好像冰溶解出来一样（干净利落不滞不存）。

敦兮其若朴。

注：善为士者之处事性情淳静而朴实（而不搬弄机巧）。

旷兮其若谷，混兮其若浊。

注：善为士之气量、宽如空谷，在世如俗，好似不清一样。

孰能浊以止，静之徐清。

注：善为士者，却不与俗人一样同流合污，而能止于至善之清静境界。

孰能安以久，动之徐生。

注：善为士者，他安处于清静至善之地，但是一动出来却是以众生为念。

保此道者，不欲盈。

注：能保此动静互生之道的善为士，是不会盈溢的。

夫唯不盈，故能弊不新成。

注：讲到善为士之不盈溢，因他能守古道而不盈溢，所以也不翻弄新的花样也。

复命章第十六

注：归根复命的第十六章。

致虚极。

注：至于虚空妙理的极点。

守静笃。

注：守着妄念皆幻的笃诚。

万物并作，吾以观其复。

注：至于虚极静笃即能彻悟万物之发育而周复的道理。

夫物芸芸，各归其根。

注：讲到万物得了虚空之真，所以芸芸的长大，但是各汇的万物到了最后还是要归著原来的根本。

归根曰静。

注：归著原来的根本，这叫做静的道理。

静曰复命。

注：静的道理叫做万物往复的正命。

复命曰常。

注：万物往复的正命，这是自然不变的法则。

知常曰明。

注：知道天地自然不变的法则就是明理之人了。

不知常，妄作凶。

注：人不知自然不变的真理，所以才会妄作而惹灾凶。

知常容。

注：知道自然不变的真理，就有容纳一切之宽宏心。

容乃公。

注：有容纳一切宽宏之心，即能合乎大公无私之心。

公乃王。

注：有大公无私之心，即能合乎王道之心。

王乃天。

注：有王道之心，即能合乎天之心。

天乃道。

注：有天理之心，即能合乎道之心。

道乃久。

注：有道心，则能长久不灭。

没身不殆。

注：有道心，不但一生用之无尽，而至于身死亦不危险。用之无尽。

知有章第十七

注：知道有这样变迁的第十七章。

太上不知有之。

注：上古圣君治世日日所行皆在道德范围之内，极其自然而不知道。

其次亲之誉之。

注：经过一段的时期，人心随物欲而变迁，世道下降而治世即到了亲德的时期了，再过一段时期之治，则世变迁到为了誉功的时期了。

其次畏之。

注：再过了一段时期之治世，则到了畏法治世的时期了。

其次侮之。

注：再过一段的时期，即以刑罚武力的治世时期了。

故信不足，有不信。

注：所以在上之信不足于天下，而民之信亦随之不信了。

犹兮其贵言。

注：治世之道犹不在于言教，而重于不言之教也。（贵言乃是少说话之义）。

功成事遂，百姓皆谓我自然。

注：以不言之身教于天下者，至于天下达治的时候，而百姓皆知此无为自然的法则了。

四有章第十八

注：有四项的第十八章。

大道废，有仁义。

注：天道道德荒废了，就能看见仁义的事出来。（天下有道处处是道岂有仁义之可言乎）可言乎。

智慧出，有大伪。

注：天下机巧聪明多了，就有虚假伪诈的事发生。

六亲不和，有孝慈。

注：父母伯叔兄弟之间如有不睦之时，就能看见孝慈的事出来。

国家昏乱，有忠臣。

注：国家昏乱之时，就能看见忠臣出来（国家不乱何处分别忠奸呢）。

朴素章第十九

注：朴实而无色彩的第十九章。

绝圣弃智，民利百倍。

注：圣人为圣而不自有其圣，贤人为贤而不自有其贤，百姓即能获得很多的利益。获得很多的利益。

绝仁弃义，民复孝慈。

注：为仁不自有其仁而绝仁，为义不自有其义而弃义，百姓即能恢复孝慈了。

绝巧弃利，盗贼无有。

注：世人个个绝了机巧的心，弃了自利的事，世上盗贼自然消灭。

此三者，以为文不足。

注：绝圣弃智，绝仁弃义，绝巧弃利，这三项还是一种浮文而已，不足以为道。

故令有所属。

注：所以真道还是另外有所归属的。

见素抱朴，少私寡欲。

注：欲求真道，还是抱住著本来洁白之止于至善朴实的地方，此才是大公无私，无忧无虑之地方。

绝学无忧。

注：绝弃了异端不必学之学，至于了悟无上真理即身无忧患也，至于了悟无上真理即身无忧患也。

食母章第二十

注：抱住大道根源的第二十章。

唯之与阿，相去几何。

注：唯与阿这两种声音相差有多少呢？

善之与恶，相去若何。

注：有为之善是自私之善，与恶之相差有多少呢？

人之所畏，不可不畏。

注：别人所怕的事我也不可不怕（如犯法损德之事人怕之我也不可不怕）。

荒兮其未央哉。

注：道心荒废得无所归处了。

众人熙熙，如享太牢，如登春台。

注：众人乐逐鼓舞，好像享受太牢贵餐一样，好像登上了纵欲春台一样。

我独泊兮其未兆。

注：而我看来是个愚昧的行为，故我才淡泊自守一点动心也不会的。

如婴儿之未孩。

注：好像尚未成孩之婴儿一样（其心一片的天真纯洁）。

乘乘兮若无所归。

注：我的心境也没有什么妄想，好像无家可归一样。

众人皆有余，而我独若遗。

注：众人看起来好像很有学识一样准备出风头，而我好像遗失什么东西一样落个一无所有。

我愚人之心也哉。

注：你们以为我是一个愚人的心肠吗？

沌沌兮，众人昭昭，我独昏昏。

注：看起来众人好像很聪明一样，而我因懂得这是假景，好像昏昧一样，独守其愚。

众人察察，我独闷闷。

注：众人好像很清察机智一样，故我好像闷闷的样子不懂什么事情也。

澹兮其若海，漂兮若无所止。

注：我恬淡的时候，好像在海中到处漂流，好像没有什么妄想执著一样。

众人皆有以，我独顽且鄙。

注：众人好像很有用处，而我好像一个又顽又愚的人。

我独异于人，而贵食母。

注：而我独独甘愿与人不同，是因为我明白了人生的真理，抱住了大

道的根源，这是我值得可贵的地方。

从道章第二十一

注：依从道体的第二十一章。

孔德之容，惟道是从。

注：很广大的德还是要依从道而出来的（因德不独生独立是由道而来的）。

道之为物，惟恍惟惚。

注：道的这样东西，似有似无，似无非无，故恍恍惚惚。

惚兮恍兮，其中有象。

注：恍恍惚惚的中间，好像有什么形相一样。

恍兮惚兮，其中有物。

注：恍恍惚惚的中间，也好像有什么东西存在一样。

杳兮冥兮，其中有精。

注：道之为物杳杳冥冥之中，更有一个生育万物的元精存在。

其精甚真，其中有信。

注：这个生育万物的元精，确实是一个不妄的东西，他的功用更是诚信不爽的。

自古及今，其名不去。

注：道之为物万物没有他就不能存在，所以自古至今，年代虽在变迁，但是道的常名是永远不会离去的。

以阅众甫。

注：一切圣贤都依赖此道而有所成就的。

吾何以知众甫之然哉，以此。

注：我怎么知道圣贤之成就呢？就是他们能够依此道而实修成功的

抱一章第二十二

注：抱守万物统宗一理的第二十二章。

曲则全。

注：能忍受委曲吃亏，而抱定真理的人，最后必有圆满的一天。

枉则直。

注：能忍受屈枉而抱定真理的人，最后必有理直的一天。

洼则盈。

注：能够常守低处下位，不自高自大的人，则日后总有圆满成功的一天。

弊则新。

注：能守旧不弄新花样的人，才能永远常新。

少则得。

注：对于一切声色物欲等愈能减少的人，愈能保全本真而理得。

多则惑。

注：尽力贪求物质不厌的人则愈有烦恼。

是以圣人抱一为天下式。

注：因有以上几项，所以圣人之处事，才抱着永远不变的真理，作为天下行事之式样。

不自见故明。

注：处事不自是己见的人，才是真正明白道理的人。

不自是故彰。

注：处事不自为己是的人，才能发扬自己的光大起来。

不自伐故有功。

注：所行的事成功了，而无妄心贪功才是真正有功。

不自矜故长。

注：处事虽然很有能力，但是不自夸能的人，才是真正能干的人。

夫唯不争，故天下莫能与之争。

注：讲到了处事，处处不与人争长短，而别人自然也就不来与其相争了。

古之所谓曲则全者，岂虚言哉。

注：古之所谓曲则全等六句话，岂是虚假之言吗？（不是虚言的）。

诚全而归之。

注：所以我们就应该诚心不二，归依到这个真理来。

同道章第二十三

注：无亲疏、无远近，万民同乎一道的第二十三章。

希言自然。

注：凡属可说出来的都不是道，故少说话尚比较合自然之道也（道可

道非常道也）。

飘风不终朝。

注：飘荡暴怒之风必不能久，故不能从早过午。

骤雨不终日。

注：不寻常的急雨，雨势虽大，故不能终日不停。

孰为此者天地。

注：飘风骤雨是由天地之不正常施发出来。

天地尚不能久，而况于人乎。

注：天地施发飘风骤雨是不正常的，所以此风雨才不能长久，何况吾人若不履人生正常的道理怎能长久呢？

故从事于道者。

注：所以凡是致力于办道工作的人。

道者同于道。

注：如遇到有道可行之时，就应该同于天地一样的慈悲，把常道施出来（国有道不废）。

德者同于德。

注：如遇到有德可行之时，就应该同于天地一样的大德，把常德施出来。

失者同于失。

注：如遇有困境不能把道德施出来时，只好忍耐罢了。（国无道免于刑戮）。

同于道者，道亦乐得之。

注：如能如天地一样把大道施出来之人，必能欣然得到道的益处。

同于德者，德亦乐德之。

注：如遇到有德可施之时，都能很快乐的把所要做的德做出来。

同于失者，失亦乐得之。

注：如遇有不能施出道德之时，只好忍耐罢了，这样也应该欣然自慰其所失也。

信不足，有不信。

注：不能把道德施出来谓之不信，故在上之人信不足于天下，在下之人也随之不信了。

不处章第二十四

注：不可这样去作的第二十四章。

企者不立。

注：脚跟不着地，用脚尖站立是站不久的。

跨者不行。

注：开足大步行走是不自然的行路法，如此之行路法，必不能持久的。多反而不好。多反而不好。

自见者不明。

注：凡是以为自己聪明者，这样的人必未真明道理。

自是者不彰。

注：凡是以为自己所为才是对的，这样的人必不能光大。

自伐者无公。

注：凡是以为自己有功者，这样的人反而无功。

自矜者不长。

注：凡是自己夸能的人，这样的人必没有能力的。

其在道也，曰：余食赘行。

注：所以按道理来说，吃饱了再强食，怎能食得下呢？

物或恶之。

注：东西已够了，再多了也变成没用了。

故有道者不处。

注：所以有中道就行了，没有中道而太多反而不好。多反而不好。

混成章第二十五

注：大道动而成物的第二十五章。

有物混成，先天地生。

注：天地之生乃是有一种元素混然而成的，此元素是未有天地之先就有了。

寂兮寥兮，独立而不改。

注：那种生天生地生万物的元素，本来湛寂无臭，独立于天地之先不死不灭。

周行而不殆，可以为天下母。

注：那种生天生地生万物的元素，至天地混沌而那种元素仍然是不会危险的。所以那个元素是生天生地，万物的元始祖气。

吾不知其名字之曰道。

注：那个元素它因为在天地之先，所以老子说：我不知它叫什么名字，所以把它取名叫做道。

强为之名曰大。

注：又把它勉强取名叫做大（因此元素放之则弥六合故曰大）。

大曰逝。

注：它大得无可形容，如同消失去一样。所以又叫做逝。

逝曰远。

注：它如同消失一样，它却是很悠远的，所以叫做远。

远曰返。

注：它是如此之悠远，却是返观自照起来，不离各人自身也。

故道大、天大、地大、王亦大。

注：所以道之内中是有这大的元素在内，而王也是有的，地也是有的，不但天地有，而王的其中也是有这个大的元素在内（王者人中也）。

域中有四大。

注：此四大均在大道之区域中，不出于大道之外也。

而王居其一也。

注：王（人中）他也是其中有得到那个大的元素之一也。

人法地。

注：人有得大的理而生，所以人能效法地的德去做。

地法天。

注：地有大的理，故也能效法天的理去行。

天法道。

注：天有大的理，故也能效法道的理去行。

道法自然。

注：道因有大的理，所以它才效法自然不变的法则了。

辎重章第二十六

注：人之处事，如军旅出师，必具军旅之补给车是很重要的第二十六章

（辎是军旅之补给车）。

重为轻根。

注：重是重要之物，在此代表道而讲，轻为轻贱之物，在此代表有形之物质而讲，所以道为众物质之根本。

静为躁君。

注：静为寂静之物，在此代表性灵而讲，躁为躁动之物在此代表气质而讲，所以寂静之性灵是躁动气质之君。

是以君子终日行，不离辎重。

注：所以一个之国君，整天做事绝不离开重要的本体。

虽有荣观，燕处超然。

注：有道君子，虽有荣华美观之事在眼前，却是不动心而安然的清静。

奈何万乘之主，而以身轻天下。

注：奈何为治理天下的圣君，怎可不重根本，而轻视了治天下的大事呢？

轻则失根，躁则失君。

注：把重要的道看轻了，就是失去了根本，以气质行事，即失去了性灵的本体。

袭明章第二十七

注：接续不断地作光明事的第二十七章。

善行无辙迹。

注：辙为轮过之痕，迹是足过之印，上善之人都是无为而妙行，一向不表露痕迹（妙行无住也）。

善言无瑕谪。

注：话合道理曰善言，瑕者庇，谪者过谪，云说话合道理之人，即不会有瑕庇有过谪的。

善计不用筹策。

注：明道之人以智能通用，百发百中，何用筹策。

善闭无关键而不可开。

注：善关门的人，不用关门的直木及横木，而使人不能开。（形容明道之人善守真心而不被外来之物欲所诱动）。

善结无绳约而不可解。

注：明道之人之结交，虽然没有什么约束，却是他们永远不违背的（圣人与世人并无什么绳约，却圣人时时刻刻都无离开世人）。

是以圣人常善救人，故无弃人。

注：所以圣人常有救人的慈悲心存在，所以圣人不离开人群中，在人群中救人。

常善救物，故无弃物。

注：圣人之心常常有救护万物之心，所以圣人在待人接物之间阐明大道。

是谓袭明。

注：这叫做不断做光明的事。

故善人者，不善人之师。

注：善人处事光明，才给不善人作为效法的师长。

不善人者，善人之资。

注：不善人处事黑暗，乃是善人警惕之资料。

不贵其师，不爱其资。

注：不效法光明的师长，不警惕不善人之资料。

虽智大迷。

注：虽然很聪明，却是一个愚昧之辈也。

是谓要妙。

注：悟之者才是大道袭明的巧妙也。

常德章第二十八

注：自然无为之德的第二十八章。

知其雄，守其雌，为天下溪。

注：雄是雄心，人之大志向也，雌是静体，人类固有的本体，修道人应知发心大志向，并要守着固有的本体如同百川集深溪一样（万民归顺之义）。

为天下溪，常德不离。

注：修道心广如百川集深谷一样，则不离自然无为之德也。

复归于婴儿。

注：至于此如同恢复到婴儿一样的一片纯的天理。

知其白，守其黑，为天下式。

注：白是光明事，黑是不光明事，修道士应知光明之事，而守尚有不达光明之心里，而日日求光明，成为天下人之楷模也（如大学之苟日新、

日日新、又日新）。

为天下式，常德不忒。

注：一切动静能为天下之楷模，所以他的常德，就不会有什么差错了。

复归于无极。

注：至于此则恢复了无极之自然真理了。

知其荣，守其辱，为天下谷。

注：荣是荣耀，辱是低贱，修道士知荣耀而勿骄泰，守着屈居下位的心里，也能够虚怀大量，如空谷一样。

为天下谷，常德乃足。

注：胸怀能如空谷一样，容纳万物，即他的常德也就常足了。

复归于朴。

注：具于此即恢复了朴素的本来面目（朴是未成器具之原木）。

朴散则为器。

注：朴者浑全之木，而把朴木制材出来，可用做种种的器具。

圣人用之则为官长。

注：圣人所行动出来，皆可为百姓的敬仰官长了。

故大制不割。

注：所以这样的大制度，是不能把它宰割（是形容道的定则永远不会被人间所改变的）。

自然章第二十九

注：道是自自然然的，不用装塑的第二十九章。

将欲取天下而为之，吾见其不得已。

注：若想把天下得到手，而用有为的机智来用时，老子说：我看这是不可能的。

天下神器，不可为也。

注：天下之事如同神器一样很微妙的，所以不可以用有为的机智用于天下。

为者败之，执者失之。

注：用有为之机智欲取天下者，必不能成功，或是执用机巧之心，其结果必定是失败。

故物或行或随。

注：所以人愈欲行之于前，而愈有人在后随之。

或嘘或吹。

注：愈欲嘘之以暖，必有人吹之以寒（天下事之对待）。

或强或羸。

注：愈强硬之人，必愈有人想打倒他（天下事之对待也）。

或载或隳。

注：越载有价值之物，越有人倾覆而劫夺于他（天下事之对待也）。

是以圣人去甚，去奢，去泰。

注：因为天下一切是对待的，所以圣人之处事，必行于自然之无为，去其过分，去其奢华，去其骄泰。

不道章第三十

注：不是自然之道的第三十章。

以道佐人主者，不以兵强天下，其事好还。

注：用自然大道来辅佐人之政者，而不用兵强来逞雄天下，那还有比你更强的来对付你吗？

师之所至，荆棘生焉。

注：若动之以兵黎民必遭受灾殃，致农田必荒废无耕生荆棘也。

大兵之后，必有凶年。

注：大军争战必有伤亡，伤亡必有虫蝗传染，而后成瘟疫，故曰：凶年。

故善者果而已，不敢以取强。

注：所以用兵之事是能够适合济事就可以了，更不可以过用兵力示强于人。

果而勿矜。

注：欲适合中道而行事者，不可矜夸能力。

果而勿伐。

注：欲适合中道而行事者，不可强伐武力。

果而勿骄。

注：欲适合中道而行事者，不可有骄傲之心。

果而不得已，是果而勿强。

注：适合中道行事之人，如不得已用兵时，是出于自卫之不得已，所

以他并不以兵力来称强于天下也。

物壮则老，是谓不道。

注：凡是世间一切强壮到了极点，必能渐渐的衰老下去。（物之常理）形容处事之过强，亦如物之衰老一样会失败的，故过强的处事法是不适合中道的。

不道早已。

注：如果处事不适合中道者，就应该提早把它改掉。

贵左章第三十一

注：左属仁属阳，故以左为贵的第三十一章。

夫佳兵者，不祥之器。

注：讲到了强兵实在是个不吉祥的凶器。

物或恶之，故有道者不处。

注：强兵是不祥之器，所以天下一切物类禽兽亦都厌恶它、逃避它，所以有道的君子之治世也是不轻易用兵的。

君子居则贵左。

注：左属仁属阳，所以有道君子之处事皆以贵左。

用兵则贵右。

注：右属杀，所以用兵者贵右，表现杀机。

兵者不祥之器。

注：强兵实在是个不吉祥之凶器。

非君子之器。

注：强兵更不是君子用来治世的正器。

不得已而用之。

注：君子用兵是出于不得已时才用的。

恬淡为上。

注：所以君子是平心静气为上（没有轻浮就动兵之义也）。

胜而不美，而美之者，是乐杀人。

注：君子在不得已动兵虽胜亦不觉为美，而觉为美者即是好杀之人了。

夫乐杀人者，不可得志于天下。

注：讲到了好杀之人，绝不能得到天下。

吉事尚左，凶事尚右。

注：所以做礼制之时皆以左方为之，而凶事即以右方为之。

偏将军处左。

注：偏将军无生杀定权所以居在左方。

上将军处右。

注：上将军大权在握指挥三军所以居右方。

言以丧礼处之。

注：讲到丧礼的处理方法。

杀人众多以悲哀泣之。

注：用兵之事是个凶事，所以杀人很多，杀了人也应该为阵亡将士哀声悲泣（此君子之用兵也）。

战胜则以丧礼处之。

注：战争之事虽然胜了，也是杀人很多的，所以战事完了也应该以丧礼来追悼阵亡的将士。

知止章第三十二

注：明白到道的止处的第三十二章。

道常无名，朴虽小，天下不敢臣。

注：道是常存无变又没有名的，它是没有色彩的，很朴素的，很微小的，（卷之则退藏于密）它是微小的无处不入但是天下，不论什么物体，都不敢称臣于它（它是天下宇宙独尊）。

侯王若能守，万物将自宾。

注：为侯王若能守住这道常道去治理天下，则天下万物都会像宾客一样，客客气气的归顺他了。

天地相合，以降甘露。

注：天地因能合著常道的理，所以能降甘露给予万物。

民莫之令而自均。

注：大道之于天下是不必世人求它，自能平均的施惠于世人。

始制有名。

注：道本无形更是无名，一动到了太极有形了才有名字。

名亦既有，夫亦将知止。

注：已经有名了，有了形相了，所以在方圆曲直大小形相之间，吾人要明白它们都有一个归属的止处。

夫亦将知止，知止所以不殆。

注：讲到了明白大道的归属止处的道理，那吾人就照大道归属止处的道理去行，就不会危险的。

譬道之在天下。

注：知止者好像大道之在于天下，万汇皆归于道。

犹川谷之于江海。

注：知止好像川谷千流万水都要归纳到江海去一样（万法归一之道理）。

尽己章第三十三

注：竭力充实自己的第三十三章。

知人者智。

注：只知他人之是非黑白而不知自己，这是凡人的普通知识。

自知者明。

注：能知道到自己所行之缺点才是真正明理之人（当局者迷旁观者清）。

胜人者有力。

注：能够胜过他人的人就是有智力的人。

胜己者强。

注：能克复其私谓胜己，故能克复其私之人者才是真正自强的人。

知足者富。

注：能明白真理，满足不贪的人即算富有了。

强行者有志。

注：能够自强向大道去推行的人，就是真正有志气的人。

不失其所者久。

注：没有失去那个地方的（本来面目止善之地）这种人就可长久了。

死而不亡者寿。

注：人之假体色身没有了，但是他的名誉永留人间，性灵归根，超生了死，此谓之寿。

成大章第三十四

注：成就大道的第三十四章。

大道泛兮，其可左右。

注：大道真理冲塞宇宙，所以散出来好像在我们的左边，又好像在我们的右边微妙莫测。

万物恃之以生而不辞。

注：世间万物均依赖此道而生存，所以万物不可以没有大道（道也者不可须臾离也）。

功成不名有。

注：大道之功用在于万物，而不居功也。

爱养万物，而不为主。

注：大道长养万物，万物依它生存，但它却没有以万物为主的态度来表示过。

常无欲，可名于小。

注：因为道是极其自然的，不论做什么事，都是无欲望的，又道是无物不在，不论极微小的地方也有道的，所以可以名做小。

万物归焉而不为主。

注：宇宙万物都要归向大道，却是大道是无为的故不居为主之功。

可名于大。

注：道生万物而不为主，又无处不在布满三千大千故可名做大。

是以圣人，终不为大，故能成其大。

注：圣人与道同体，其所行不自以为大，所以他才能成为最大的圣人。

大象章第三十五

注：执著大道之理而行的第三十五章。

执大象，天下往。

注：大象者道也，人能执著大道至公之理，无论到了天下什么地方都可行通的（有理走遍天下）。

往而不害，安平泰。

注：执大道之理而行于天下，无论到什么地方都没有半点的害处，人人行之都能安乐和平的。

乐与饵，过客止。

注：纵情娱乐，贪欲美味，即如过路的客人一样，是不能长久的。

道之出口，淡乎其无味。

注：道之奥妙，如果用话说出来，其实是个平平坦坦的，没有声臭而无味的东西。

视之不足见。

注：道之无相，所以用肉眼是看不到的。

听之不足闻。

注：道之无声，所以用肉耳是听不到的。

用之不可既。

注：道之无所不能，无所不在，不论用在何时，何地，何物都不能穷尽的。

微明章第三十六

注：明白到微密奥理的第三十六章。

将欲歙之，必固张之。

注：物之收敛之前必是宏展到了极点之时。

将欲弱之，必固强之。

注：物之将弱之前，必是强到了极点之时。

将欲废之，必固兴之。

注：物之将灭之前，必是兴到了极点之时。

将欲夺之，必固与之。

注：阴险之人要夺他人之物，必先与他结交。

是谓微明。

注：由以上几点，而测度之自能明白到很微妙的地方。

柔胜刚，弱胜强。

注：柔弱者性情平和，行事宽恕，刚强者反之，故柔能胜刚，弱能胜强也（万物草木之生也柔脆其死也枯槁）。

鱼不可脱于渊。

注：鱼必须深藏水底下，鱼离水则死，所以不可脱于渊（譬如人不可离道，道也者不可须臾离也）。

国之利器，不可以示人。

注：国家有价值之厉害武器，不可以显露给人知道，显露则被敌人知其底细，必敢来侵犯（人之才能必深藏若虚）（不可随便夸张贡高）。

无为章第三十七

注：以自然而无有为之第三十七章。

道常无为，而无不为。

注：道之动静是极其自然的，它的作用是没有痕的，不可捉摸的，却是天下万物没有一项不是它之所为的。

侯王若能守，万物将自化。

注：治理天下的侯王，如果能用一个无为之道去治理天下，则天下之人自能会归化于他也。

化而欲作，吾将镇之以无名之朴。

注：化而欲作（人心之动）天下人类归化了，所行所作应用无欲望，无色彩无名纯真不二的朴素本来面目去行事才是。

无名之朴，亦将不欲。

注：无色彩之无名纯真不二之朴素去行，就是要到了无欲心的境界了。

不欲以静，天下将自正。

注：个个所行无欲心而清清静静如此者天下自然安定了。

处厚章第三十八

注：厚者本也，从其本而行的第三十八章。

上德不德，是以有德。

注：由自性所发，不执著不自有之自然无为妙德曰上德，所以上德不自有其德，反而他是真正有德。

下德不失德，是以无德。

注：凡有执著不能自然无为之德曰下德，所以下德怕失去所行之德，反而没有德。

上德无为而无以为。

注：上德本无执著方可为上德，而尚有无为二字之存在于心，并非自然之无为，此尚是无为中之有为也。

下德为之，而有以为。

注：凡有所执著之下德，就是有为之德（出于无为之相及有为之相差不多也）。

上仁为之，而无以为。

注：上等仁慈本由自性所发，如果尚有仁字之存在，并非自然之仁此尚无为中之有为也（无为有为同是相也）。

上义为之，而有以为。

注：有上义之存在于心，并非自然无为之义此也是有为的（犹如唯之于阿相去几何，善之与恶相去若何）。

上礼为之，而莫之应，则攘臂而仍之。

注：上礼者，最高之诚心而尊敬于长上，最坦白无私的态度对于下也，因世人莫能以此应用之，所以才执其手掣而仍之礼之貌也。

故失道而后德。

注：世人失去本来纯善的本体，所以圣人才教人以德。

失德而后仁。

注：人心变迁世人失去善良德行，所以圣人才教人以仁。

失仁而后义。

注：世人因失去了仁义之心，所以圣人才教人以义。

失义而后礼。

注：人心不古，而义也失了，所以圣人为复古道，所以才教以礼也（礼可当理解也）。

夫礼者。忠信之薄。而乱之首也。

注：讲到了礼，如果人失去了礼，即无忠与信，那天下就要开始乱了。

前识者，道之华，而愚之始也。

注：前识是很有机知之人，（非性海而出之智能）此乃修道之假景也是愚之开始也是不智。

是以大丈夫处其厚，不居其薄。

注：所以大丈夫（明道之人）他是从其厚的本体，不从其薄的枝末也。

处其实，不居其华。

注：明道之大丈夫从其实体（道）不从其假景也。

故去彼取此。

注：所以修道人必须去薄，去华处厚处实。

得一章第三十九

注：一者宇宙万有之根本也，得到宇宙万有之根本的第三十九章。

昔之得一者。

注：昔者始也，万物之开始必须有得到一（道之根本）才能生万物。

天得一以清。

注：天因为有得到一（道之根本）所以他才会清（清就星斗不乱四时有序）。

地得一以宁。

注：地因为有得到一（道之根本）所以它才会宁（宁就是山岳之凝结河海之流通，草木之生成，人物之养育等）。

神得一以灵。

注：神是天地之阴阳神。因为它有得到了一（道之根本）所以它才会灵（灵是形容会造化）阴阳交而万物生焉（神又可谓之性灵）人之性灵因有一的理（道之根本）所以它才会主宰于一身而行于万事。

谷得一以盈。

注：谷者空谷，它因为有得到了一（道之根本）所以才会盈（盈就是容纳万物）。

万物得一以生。

注：天下之万物，因为有得了一（道之根本）所以它才会生长。

侯王得一，以为天下贞。

注：侯王为百姓之长，所以侯王因为有得一（道之根本）他施行出来之政均以道德为本，所以天下自然贞静。

其致之一也。

注：天下万物而至于天地人神谷万物侯王均须致之于此一。

天无以清，将恐裂。

注：天如果失一（不循道的根本）自然星辰不顺五行错乱四时失序（无以清）所以就会移星易宿分裂不祥也。

地无以宁，将恐发。

注：地如果失一（不循道的根本）自然山移河竭万物不生（无以宁）所以就会发生地动山摇，海啸土崩了。

神无以灵，将恐歇。

注：神如果失一（不循道的根本）自然没有聚散阖阖之机升降、屈伸之理，叩之不应感之不格（无以灵）所以就会歇而不作用了。

谷无以盈，将恐竭。

注：谷如果失一（不循道的根本）自然不能泄长运化，吐纳盛泄无虚

中之体，无传声之妙，所以就会竭而不作用了。

万物无以生，将恐灭。

注：万物如果失一（不循道的根本）自然万物不能繁殖，胎卵湿化，不能成其形（无以生）所以万物就不能延续下去就此而灭亡了。

侯王无以贞，而贵高将恐蹶。

注：治理天下的侯王，如果失一（不循道的根本）自然天下不能贞静而侯王的贵高地位，就会跌倒了。

故贵以贱为本。

注：所以贵高的侯王，因为有下民拥护他，他才有贵的地位，（所以下民是高贵侯王的根本）。

高以下为基。

注：贵高的侯王是以下民为基本。

是以侯王自称孤寡不穀。

注：孤者孤陋，寡者寡德，不穀者不善，所以贵高的侯王才不敢自大而自称孤寡不穀也。

此其以贱为本耶，非乎。

注：由此看来岂不是下贱是高贵的根本吗？（此乃犹道之真，无假不显真，无真假不成之义也）。

故致数舆无舆。

注：所以譬如造数部之车，原本是由各部分轮毂轴衡轭等零件而组成来的，否则那有车呢？（形容贵以贱为本高以下为基）。

不欲碌碌如玉，落落如石。

注：心中无欲，玉与石那有什么分别呢？（石与玉是人心把他分出来的，未分之前玉石岂不是在一起吗）。

反复章第四十

注：轮回旋转的第四十章。

反者道之动。

注：道之至静，到了静极的时候，必能反静而动（此反乃是道，自然静极必动的道理也）。

弱者道之用。

注：弱者柔和也，道的作用是柔和的（道因柔和故能生万物）。

天下万物生于有。

注：有即道之动，天下万物是道之动而后生出来的（有名万物之母）。

有生于无。

注：一切有形有象之物，是从无形之道生出来的。

闻道章第四十一

注：上士及中士下士，闻了天道，有什么不同的第四十一章。

上士闻道，勤而行之。

注：上等慧根的人，闻了大道，就很认真不怠的要去实行大道的宗旨。

中士闻道，若存若亡。

注：中等善根之人，闻了大道，只有仰慕之心，没有实行之意。

下士闻道，大笑之。

注：下等无善根之人，闻了大道，不但不信，反而大大的取笑了。

不笑不足以为道。

注：若无下等人之笑，那能显出上士之道呢？（如同无众生，那里有佛）。

故建言有之。

注：自古立言，唯有上中下根之人，才能证明有大道之妙了。

明道若昧。

注：明白大道之人，因为不露聪明，好似愚昧一样（大智若愚）。

进道若退。

注：明道了，能精进大道之人，事事就让人，不与人争权夺利。

夷道若类。

注：明道了，其实大道是很平坦的，好像很平常，没什么不一样的，（同佛所言之是法平等一样）。

上德若谷。

注：与天地同样的德谓上德，行上德的人，其心如空谷一样，无所不容，无所不纳（此圣人之心也）。

大白若辱。

注：大白是没有计较心的人，此人好似都要居在下处，不与人计较。

广德若不足。

注：大德行之人，好似时时都有德不足之心（自不敢有德）。

建德若偷。

注：能建立大德之人，好似很谦虚一样。

质真若渝。

注：真诚之人，好似与常人一样，可污可染（与和其光，同其尘一样）。

大方无隅。

注：无边际者无四方上下（四方上下虚空，不可思量）。

大器晚成。

注：大的器具之造成，要费很多时间，才能制造成功。

大音希声。

注：大音是圣人之声，是很微妙的故希声（是行不言之教）。

大象无形。

注：道之妙相是没有形象的（大道无形）。

道隐无名。

注：大道是肉眼看不到的故曰隐，在先天地之先故无名（大道无名）。

夫唯道，善贷且成。

注：说来只有道，能贷给万汇、且能成就万汇（大道造化万物）。

和章第四十二

注：动静曰和的第四十二章（放之则弥六合，卷之则退藏于密）。

道生一。

注：道生一是无极动而将成太极之前的一理。

一生二。

注：一生太极阴阳了，就是天地成。

二生三。

注：由天地而生人。

三生万物。

注：三就是三才立，天地人成，而再造化万物也。

万物负阴而抱阳，冲气以为和。

注：万物就是依赖着阴阳之造化而成，冲气以为和就是阴阳之气交媾也。

人之所恶，惟孤寡不毂，而王公以为称。

注：人之所不喜欢的事，就是孤陋、寡德、不善等、而高贵有德的王公之自谦而自称孤寡不穀。

故物或损之而益，或益之而损。

注：所以一切之世事，表面虽损，其实所得的是益，若凡事表面看来是益，其实就是损（行善之人看来是损，在真理当中是益）。

人之所教，我亦教之。

注：圣人所教人之冲和大道理，我今亦拿来教之于人。

强梁者，不得其死。

注：强梁乃横行暴恶之人，是无法拿冲和之道而教之，故曰不得其死。

吾将以为教父。

注：吾乃老子之自称，吾以用冲和之道，教父是教之以道德，老子拿冲和之大道，教人于道德。

至柔章第四十三

注：最柔软的第四十三章。

天下之至柔，驰骋天下之至坚。

注：在天下最柔软的莫过乎道，走遍天下，还是大道最坚（颜渊曰：仰之弥高，钻之弥坚）。

无有入于无间。

注：大道至柔，没有一项东西，大道不能进入的（形容大道之至坚）。

吾是以知无为之有益。

注：吾是老子之自称，老子知无为至柔大道，才是对人最有益处的。

不言之教，无为之道，天下希及之。

注：这种至柔之大道，用言语是无法教授的，这种无为的大道，天下之人是很少人能做到的。

知止章第四十四

注：知是明白，止是大道之止处，明白大道之止处的第四十四章。

名与身孰亲。

注：名誉与做人的躯体，是不可分离的（身可云是日常生活）。

身与货孰多。

注：为了躯体之生活，全顾在货财之贪欲的人最多。

得与亡孰病。

注：得之财货，或是丧失名利，这都是人生不好的病（心病）。

是故甚爱必大费。

注：所以爱欲之心愈重，则愈大费精神。

多藏必厚亡。

注：多藏货财之心，或是多藏货财之人，大多是费尽心机而亡的（人为财死也）。

知足不辱。

注：满足现状，不贪求多藏而知足，就不会身败名裂而受辱。

知止不殆。

注：明白大道之止处，就会知足不贪求，那不会有危险。

可以长久。

注：长久则是寿，永远不死之义，则是超生之义，知止之者可以超生。

清静章第四十五

注：清静不浊又不用心机的第四十五章。

大成若缺，其用不弊。

注：大成就的看来好似有什么缺欠一样，但是他做起事来，一点儿也不会有弊败之病。

大盈若冲，其用不穷。

注：此句承上句之大成若缺，其用不弊，故有大圆满曰盈，故是如大虚空一样，所以他的用途是无穷尽的。

大直若屈。

注：大直的人就是正直不阿之人，好似有什么理屈不直的样子。

大巧若拙。

注：很有智能的人，好似很笨拙落伍的样子。

大辩若讷。

注：最大的辩论，莫过于事实，既有事实，何必善辩，如木讷一样就行了（事实胜于雄辩）。

躁胜寒，静胜热。

易道管理

注：动可发热，故操动可以胜寒，心之清静即可胜热（此句指心之寒热言）。

清静为天下正。

注：世人心都清静了，没有争权夺利了，天下就正起来了，就不会乱了。

知足章第四十六

注：能自己知道满足的第四十六章。

天下有道，却走马以粪。

注：天下有道了，已经太平之年了，是世界大同了，却马就不必用在战场，就可以用在粪田工作了。

天下无道，戎马生于郊。

注：天下无道了，就是发生了战争，就是戎马有用之时，把马派上战场了。

罪莫大于可欲。

注：造罪就是做伤天害理的事，造罪的最大的原因，没有比可欲再大了，可欲就是内心的物质欲望。

祸莫大于不知足。

注：祸就是惹出来灾厄，此灾厄的由来，没有比不知足惹来的原因再大了。

咎莫大于欲得。

注：咎是内心的愧疚，做错了事而后惭愧谓之咎，此咎没有比物欲心再大了，有欲则思利，为了私利才会做错事来。

故知足之足常足矣。

注：对于自己的一切都能满足了，他就永远会常足了（这是指不论遇到什么环境，都没有可欲的心里，而天理常存了）。

天道章第四十七

注：如何去做才合乎天道的第四十七章。

不出户，知天下。

注：见了天道之人，没有出门去，就可以知道天下之事（因为天理尽在人心之故也）。

不窥牖，见天道。

注：没有探头到窗外去看天，就能见了天的全体大用（因为天理尽在人心之故也）。

其出弥远，其知弥少。

注：不见天道之人，用其聪明欲知天道者，愈从向外觅求，他的知见力就愈不足了（因为道本诸身在向外觅求，不可能也，佛曰：佛在灵山莫远求）。

是以圣人不行而知。

注：对于天道之体用，圣人之心与天理同体，所以圣人就不必去寻觅，而统统地知道了。

不见而明，不为而成。

注：圣人之心通天理，置身在天理之中，所以他不必去见到什么，就能全部明白，对于天道之成就，就不必特别用为，以天道自然原则去做，就成功了。

日损章第四十八

注：学天道之人，每日要损掉不好的缺点的第四十八章。

为学日益。

注：志于学之人，每日都勤奋去学习，就会增加学问。

为道日损。

注：志于道之人，每日都要损掉不好的行为才行。

损之又损，以至于无为。

注：志于道者，每日要损掉不好的行为，损掉再损掉，以达到了没有可损的地步，就是无为了（同于大学之苟日新日日新，又日新）。

无为而无不为矣。

注：志于道成了，他是以无为而成，却是他没有白费了，自然成就了。

故取天下者，常以无事。

注：若要使天下大治，必须以无为之心而对天下（大道之行也，天下为公，要大道流行于天下，必须以公义而无私的行于天下）。

及其有事，不足以取天下。

注：若以有为的方法，要使天下太平，这是不足治理天下的（无为者得之，有为者失之，这是天理的公道）。

德善章第四十九

注：用常德之善的第四十九章。

圣人无常心，以百姓之心为心。

注：圣人没有常心，常心二字是自然的天心，以落在言句之常心亦非真常心，就是以老百姓之得失，使百姓能得到安乐为心（就是天有好生之德，圣人与天同心，故圣人也是好生之德）。

善者吾善之。

注：人家以善待我，我亦同样地以善对待人家（无我相）。

不善者吾亦善之。

注：人家以不善待我，我亦不与计较，还是以善来待人家。

德善矣。

注：前言所说的以善对待人家，不分别他人之善与不善，吾总是善，才能建立了尽善尽美的地步，叫做德善矣。

信者吾信之。

注：大家遵守诚信，吾亦同样的遵守诚信。

不信者吾亦信之。

注：人家不遵守诚信，吾亦同样的遵守诚信（君子和而不流）。

德信矣。

注：以上所说的信叫做德信矣。

圣人之在天下。

注：圣人对于天下人类的着眼。

歙歙焉。

注：圣人之对于天下之心，时时都在浑朴自安。

为天下浑其心。

注：圣人之事志在天下之人类，使其浑然复还固有之天心（恢复本来面目）。

百姓皆注其耳目。

注：圣人心为大众之心，所以百姓会用心去注意法圣人之言说与行动。

圣人皆孩之。

注：圣人之心则赤子之心，没有一点儿不合乎天理也。

生死章第五十

注：生死问题的第五十章。

出生入死。

注：人类出来世间为人谓出生，灵魂脱身而死去（生生死死轮回六道）。

生之徒十有三。

注：超生之人，就是能去了七情六欲，七与六加起来，就是十三，除却了十三项不好的行为，便是超生的条件。

死之徒十有三。

注：不能超生的人，亦是这十三项的缺点，七情六欲，不能去却之原因也。

人之生，动之死地也，亦十有三。

注：人生在世，都动向到死地而去，不能超生了死，都是从这七情六欲的十三项去的。

夫何故，以其生生之厚。

注：是为了什么缘故，人类对于贪生之欲望那么重（为谁辛苦为谁忙）。

盖闻善摄生者。

注：听说对于很懂养生之人。

陆行不遇兕虎。

注：若善摄生之人，不杀生，所以在地上行走，就不会遇到兕虎之伤害（天理全而不互相残杀）。

入军不被甲兵。

注：善摄生之人，入于军阵之中，也不会被甲兵伤害。

兕无所投其角。

注：兕也不会用角伤害他（兕独角野牛）。

虎无所措其爪。

注：虎也不会用爪伤害他。

兵无所容其刃。

注：兵也不会以刃伤害他。

夫何故，以其无死地。

注：这是什么缘故呢？就是善摄生之人，没有置人于死地。

尊贵章第五十一

注：尊贵的第五十一章。

道生之，德畜之。

注：道是生万物的，德是养万物的。

物形之，势成之。

注：道生德畜之后，成了众物之形，由形而用之于各种。

是以万物莫不尊道而贵德。

注：所以万物没有一项，不尊道之生，不贵德之畜。

道之尊，德之贵。

注：道是生万物的，所以最尊高的，德是养万物的，所以最贵重的。

夫莫之命，而常自然。

注：讲到道德二字，是没有比他的命，再自然的了。

生而不有。

注：自然的常德，他长养万物，不计其有。

为而不恃。

注：自然的常德，他所做出来的，亦不自恃其为了。

故道生之，德畜之。

注：所以道是生万物的，德就是养育万物的。

长之育之，成之熟之，养之覆之。

注：德之养育万物就是使其长成而培育他们，使其成就而成熟结果。长养他们而又使其归根复命生生不息。

长而不宰。

注：自然的常德，他很尊高，却不为高。

是谓玄德。

注：这叫做最玄妙的德。

守母章第五十二

注：守道的第五十二章（道是万物之母）。

天下有始，以为天下母。

注：天下有开始，就是因为有生天地的母（母先天地之元素）。

既得其母，以知其子。

注：既知生天生地之万物之母，那就该知万物之一的吾身（一理通万理彻也）。

既知其子，复守其母，殁身不殆。

注：既知万汇之本体，那就知道大体之道而守住大道，到了这样的知道本体，就算死了，也不会危险的（朝闻道夕死可矣）。

塞其兑，闭其门，终身不勤。

注：兑者孔也，堵住眼、耳、鼻、舌、身意之孔，使其六根不出门，而能使六根不染尘，则终生用之，自然不必再用什么工夫勤练了（栓心猿缚意马也）（同于颜渊之四勿也）。

开其兑，济其事，终身不救。

注：开其兑是使六识乱驰之于欲也，心欲驰外再济之于欲之乱驰，如此之人，终身已不可救了（死之徒也十有三）。

见小曰明，守柔曰强。

注：能见闻到最玄微的地方，就是已经明白大道之人，能守柔弱的地方而不逞强，才是真正强人。

用其光，复归其明，无遗身殃。

注：光是德的代名词，能懂得玄妙，而行于玄妙之德，即能复归人本体明德之性，就不会有灾殃及在吾身也。

是谓袭常。

注：以上之用其光，复归其明，则叫做恢复到了自然的本体了。

大道章第五十三

注：生天地万物之大道的第五十三章。

使我介然有知，行于大道，惟施是畏。

注：要使我们确定有知道，不是空谈的，就是要切实行于大道在施舍之时，要战战兢兢，不要行大道于有为（知而不行，等于不知，知而能行，才是真知）。

大道甚夷，而民好径。

注：大道本来是很平坦的，而人偏偏不走平坦的路，而自作聪明的走到崎岖的小路去（舍其路而不为）。

朝甚除。

注：朝廷的建筑物，甚为巍。

田甚芜。

注：田间苗草不分，甚为荒芜。

仓甚虚。

注：仓库无余积，甚为空虚。

服文采。

注：穿的锦绣之衣。

带利剑。

注：佩带锋芒之利剑，足以威风天下。

厌饮食。

注：百味充口，犹嫌不羡，食得太好了。

货财有余。

注：不论使用东西、金钱等等，都用之不尽。

是谓道夸，非道也哉。

注：是说前六句，期甚除至货财有余，皆不行于平坦大道，这是盗贼，这都不是道（非道也哉就是不能达到大同世界）。

善建章第五十四

注：最会建立道德的第五十四章。

善建者不拔。

注：最会建筑者，能使建筑物，不会倒掉（形容善建立大道之人就不会退志）。

善抱者不脱。

注：最会抱住大道之人，就不会脱线（拳拳服膺，而弗失之矣）。

子孙祭祀不辍。

注：能善建道德，善抱道德之人，因为有贡献人间，故世人代代都追念其道德之高，而奉祀起，万代不绝的崇拜他（如古圣贤关公等等，他们都百姓之祭祀不辍）。

修之于身，其德乃真。

注：能修身之人，所行出来的德是真德（不修身的人所行出来的善才是有为的故不真）。

修之于家，其德乃余。

注：若是修身之道能广及家庭，其德就有余庆而齐家了。

修之于乡，其德乃长。

注：若能将大道广及乡里之时，其德就长及社会之安定了。

修之于国，其德乃丰。

注：若能将大道广及国人，个个有道有修，那么这个国家的德就算充沛了。

修之于天下，其德乃普。

注：若能将大道，传到天下各角落去，个个有大道，个个有大德，那么天下就大同了，（普即大同之义也）。

故以身观身。

注：以自身比较人身，得失在何（己所不欲勿施于人）。

以家观家。

注：以自己的家庭，比较别人家庭之得失在何。

以乡观乡。

注：以自己的乡里，比较别的乡里之得失在何。

以国观国。

注：以自己的国家，来比较别的国家之得失如何。

以天下观天下。

注：以天之事来观察天下之事，作为种种的比较，就可以明了天下事以何治之。

吾何以知天下之然哉？以此。

注：我能知道天下事，就是用以上各种之观察比较，才知道的。

（鸢飞戾天，鱼跃于渊，言其上下察也）

含德章第五十五

注：含蓄大德的第五十五章。

含德之厚，比于赤子。

注：含蓄大德之最厚大者，有如未长大之婴儿就是了（人之初性本善）。

毒虫不螫，猛兽不据，攫鸟不搏。

注：含德之厚的赤子心，就是毒虫、猛兽、攫鸟，等等都不会去伤害他（素食持斋之义也）。

骨弱筋柔而握固。

注：婴儿赤子，骨骼是弱的，筋肌是柔的，但是他握固拳头时是很紧固的。

未知牝牡之合而朘作，精之至也。

注：婴儿之纯真赤子心，他们不知男女之间的事，却是他能挺起精神而振作，这就是精神之充足时也（精神充足而不耗损）。

终日号而不嘎，和之至也。

注：婴儿赤子，因精至不耗损，故终日哭号而不嘶哑，因未失和气之故也。

知和曰常。

注：知道中和之道，叫做自然的原则。

知常曰明。

注：知道到了自然的原则，这叫做明白大道了（明心见性）。

益生曰祥。

注：不知常道常德之人，以为吃补就是利益身体，以吃补为好的照顾身体方法。

心使气曰强。

注：用心来苦撑身体，掩饰其弱以为是强人。

物壮则老，是谓不道，不道早已。

注：用吃补使其壮身，益生使强，到时还是老了，这是没有道的，既是没有道，那不如提早去掉他（道是自然的，使心自然，自然即是道，何烦老与不老）。

道贵章第五十六

注：道是最贵的第五十六章。

知者不言。

注：能默契道体之人，能自知自行，是不用言语夸说。

言者不知。

注：若用言语夸说之人，是不懂得大道之人。

塞其兑，闭其门。

注：真知大道之人，就会闭塞物欲之门（兑门是物欲之心）。

挫其锐，解其纷。

注：真知大道之人，就会格去心中的锋锐，并会解掉心中的纷乱（人欲净尽也）。

和其光，同其尘。

注：真知大道之人，就能与大众和光同德，并能与大众同甘共苦。（得则同于得，失则同于失）。

是谓玄同。

注：所谓塞兑闭门，挫锐解纷，和光同尘，能这样做的人，就叫做最玄妙的共同点。

故不可得而亲。

注：玄同之人，不分别其亲爱之人。（无我相）

不可得而疏。

注：玄同之人，不分别其疏远之人。（无人相）

不可得而利。

注：玄同之人，不分别计较有利之人。（无众生相）

不可得而害。

注：玄同之人，不分别计较有害之人。（无众生相）

不可得而贵。

注：玄同之人，不分别计较地位高尚之人。（无众生相）

不可得而贱。

注：玄同之人，不分别计较地位下贱之人。（无众生相）

故为天下贵。

注：玄同之人，则以天下都是平等，同样的贵气。（无寿者相）

治国章第五十七

注：治理国家的第五十七章。

以正治国。

注：要用不偏不倚的公正之心，才能将国家治好。

以奇用兵。

注：在战争之时，要出兵就要用出奇制胜的方法来对阵敌人。

以无事取天下。

注：要得到天下，则要无欲无为，以利天下之人为心，才能得到天下。

吾何以知其然哉，以此。

注：老子之自称，我怎能知道会这样呢？就是天下的事都无为才能得到的。

天下多忌讳，而民弥贫。

注：天下之百姓，最不要的事，就是为政者欺瞒百姓，以不好的事对于百姓，如此者百姓一定越贫困。

民多利器，国家滋昏。

注：百姓越多伤害人之利器，国家就越昏乱。

人多伎巧，奇物滋起。

注：人越多伎俩，越多巧计，奇怪之物就越出现出来。

法令滋彰，盗贼多有。

注：法令越多，而越严，为盗为贼者越多。

故圣人云，我无为而民自化。

注：所以圣人才说，治理天下之人，若是无为，就是不为私我之心，百姓自然归化。

我好静而民自正。

注：治理天下之人，若能清静恬淡，不私心，人民效法之，所以百姓亦就正了。

我无事而民自富。

注：治理天下之人，若能不为私我，不行巧妙之事，百姓自然富有。

我无欲而民自朴。

注：治理天下之人，若能无私心而无为者，天下之百姓自然效法之，而个个可返回朴素之天真了。（思无邪心）

我无情而民自清。

注：治理天下之人，若能不为人情，心存天理，则天下百姓则能效法而清清白白了。

察政章第五十八

注：看察政治的第五十八章。

其政闷闷，其民淳淳。

注：一国之政治，若是不标异立巧，则百姓就会笃实淳厚。（在上有正，在下则诚）

其政察察，其民缺缺。

注：一国之政治若是条理分明，百姓就会惊怕畏法。

祸兮福所倚，福兮祸所伏。

注：祸是凶害之事，福是吉庆之事，两者相倚伏也（塞翁失马，焉知祸福）。

孰知其极，其无正耶。

注：如果世人知道祸福道理到了极点，（尽透彻祸福道理），那有祸福之正名，（福尽是祸，祸尽是福）。

正复为奇。

注：正为正常，奇为异常，正常的相反就是异常。

善复为妖。

注：善为善良，妖为不善良，是恶也，善的相反是恶。

人之迷也，其日固久。

注：人对于正奇二字，与善恶二字，已经迷昧太久了（善恶是个名词而已，非道也。天下皆知美之为美。斯恶已，皆知善之为善，斯不善已）。

是以圣人，方而不割。

注：所以圣人有方正之矩，而不必割掉，也不会伤害于人。

廉而不刿。

注：圣人之锐廉而不会伤人（君子比德于玉焉，廉而不刿）。

直而不肆。

注：圣人之正直，而不会任意放肆。

光而不耀。

注：圣人之光明正大，而不会炫耀。（耀自骄之义）

长生章第五十九

注：长久生存第五十九章。

治人事天，莫若啬。

注：要治理人心，自己就要仰不愧于天，而莫过收敛自己不要放肆。

夫唯啬，是谓早服。

注：谈到了收敛放肆之心，就叫做心田早有服从真理。

早服谓之重积德。

注：心田之服有真理，收敛物欲之心，这叫做重重的有积德。

重积德，则无不克。

注：若有重积德行之人，就没有什么不能克服的难题了。

无不克，则莫知其极。

注：至于没有可克服之时，则天下事，没有一项不知的了，甚至极其妙的道，也是知道的了。

莫知其极，可以有国。

注：没有一项不知之人，就可以把国家交给他治理了。

有国之母，可以长久。

注：有治国之道德根本，这个国家，就可以很长久的不乱了。（是人民能安居乐业）

是谓深根固蒂。

注：国家长久的，叫做根很深，蒂很牢固。（此长生之道）

长生久视之道。

注：以上之收敛，早服而至无不克，知其极，固之母，就是使国家长生不变，永久可以看到的道理。

治大国章第六十

注：治理大国家的第六十章。

治大国若烹小鲜。

注：治理大的国家，好像在烹煮很小的鱼一样。

以道莅天下，其鬼不神。

注：用道普遍到天下各地去，鬼就没有办法，伸张其力量了。

非其鬼不神。

注：不是鬼不能伸张力量。

其神不伤人。

注：是因为鬼也不会伤害于人了。

非其神不伤人。

注：不是鬼不伤害人。

圣人亦不伤人。

注：就是圣人也不会伤人，而感了鬼神也。

夫两不相伤。

注：讲到了鬼不伤害人，圣人不伤害人。

故德交归焉。

附

录

注：因为两不相害人，这就是德与道交归会合了。

为下章第六十一

注：为天下的第六十一章。

治大国者若居下流。

注：治理大国的人，位虽然很高，若似水一样，能有就下之心。

天下之交，天下之牝。

注：治大国之人，能似水一样之居下，天下之小国一定会归顺，如子归顺母一样。

牝常以静胜牡。

注：牝为阴，牡为阳，阴就是静，所以胜阳。

以静为下。

注：因为能静，所以才能居下。

故大国以下小国，则取小国。

注：大国能就下，则能胜小国，使小国归顺。

小国以下大国，则取大国。

注：小国若能如水一样就下，则能胜大国，而得到大国的支持。

故或下以取。

注：所以就下的人则可以取胜。

或下而取。

注：能就下的人，则可以取胜。

大国不过欲兼畜人。

注：治大国没有炫耀而谦下，则可以养育很多有才华之人。

小国不过，欲人事人。

注：大国谦下，小国必能归顺服侍于他了。

夫两者各得其所欲，故大者宜为下。

注：谈到了大小两国各要得到好处，做大国的立场，必要有为下之心。

道奥章第六十二

注：道的奥妙的第六十二章。

道者万物之奥。

注：道就是万物最玄，最妙的。

善人之宝。

注：道就是善人的宝物。

不善人之所保。

注：道就是要保护不善之人（天下乱，不善，所以降道）。

美言可以市尊。

注：遵道美言，可以感化人入道。

美行可以加人。

注：美的行为，可以使人钦服。

人之不善，何弃之有。

注：人虽不良善，何必遗弃他了。

故立天子，置三公。

注：为天子之至贵，为三公做大官之至贵。

虽有拱璧以先驷马，不如坐进此道。

注：天子、三公、虽然得到什么都有，还不如进道之好（拱璧是宝贵的圭璧，驷马是很好的马乘）。

古之所以贵此道者何。

注：古昔之圣贤能珍贵大道，是什么原因呢？

不曰有求以得。

注：就是凡是对道有虚心参究之人，必能有心得。

有罪以免耶。

注：凡是对道有参研精修之人，必能免其罪愆。（有过必改，善莫大焉）

故为天下贵。

注：道就是天下最尊贵的东西。

无难章第六十三

注：没有困难的第六十三章。

为无为。

注：道虽在万物，却是无为的。

事无事。

注：道虽在每事都有，却是做起来，好似没有做一样。

味无味。

注：道是无形无相，却连一点儿味道也没有。

大小多少，报怨以德。

注：大道不论，在大，在小，在多，在少，他都没有怨恨，只是他施行出来的都是德……

图难于其易。

注：对于困难的事，不要想难而不做，要具容易的心情去做，才不会困难。

为大于其细。

注：做大事要从细小的地方去做，不要想太大了，而有困难之心。

天下难事，必作于易。

注：天下困难的事，都从容易的心去做出来的。（知难行易）

天下大事，必作于细。

注：天下最大的事，也是从于细小的地方做出来的（千里之行，始于足下）。

是以圣人终不为大，故能成其大。

注：所以圣人之做事，都是从小的地方做起，所以才能完成了很大的事出来。

夫轻诺必寡信。

注：容易答应于人者，必少信用。

多易必多难。

注：认为太过容易的事，必多发生难事（知易行难）。

是以圣人犹难之。

注：圣人都把容易做的事，亦是细心如难一样去做。

故终无难矣。

注：所以结果就没有困难的，把大事做成了。

辅物章第六十四

注：辅物的第六十四章。

其安易持。

注：没有灾难的时候，容易维持下去。

其未兆易谋。

注：事未发生之时，容易计划。

其脆易破。

注：脆弱的东西，容易破开。

其微易散。

注：细小的东西，容易散开。

为之于未有。

注：没有发生之前就要先做好。

治之于未乱。

注：还没有乱，就要治理好。

合抱之木，生于毫末。

注：以手合抱之大的木，不是生出来就怎么大，而是它是从细小之树苗而生，渐渐长大的。

九层之台，起于累土。

注：九层高的高台，亦从最下的一个地方累累堆砌起来的。

千里之行，始于足下。

注：千里远的里程，仍是以最近的一步开始的。

为者败之，执者失之。

注：有为者会失败的，固执己见之人会失败。

是以圣人无为故无败。

注：圣人因为做事是无为的，所以不会失败。 （欲望越高，失望就越大）

无执故无失。

注：无执著，所以无失败。

民之从事，常于几成而败之。

注：人之做事情，时常在当要成功之前再失败掉。

慎终如始，则无败事。

注：谨慎小心，到最终完成，如开始一样的小心，则不会将事失败掉。

是以圣人，欲不欲，不贵难得之货。

注：所以圣人之处事，都是做人家不做的，对着困难得到的宝物，亦认为是没什么宝贵的东西。学不学，复众人之所过。

学不学，复众人之所过。

注：圣人学人家不要学的，恢复固有之纯朴，没有像人家那么聪明过人。

以辅万物之自然，而不敢为。

注：圣人以照亮万物自然之理去做，而不敢自作自专。

玄德章第六十五

注：玄德是无为自然的作用的第六十五章。

古之善为道者，非以明民，将以愚之。

注：古昔之善能守道之人，并不是以用其智能或是聪明来治理百姓，而是用本来纯朴之天性来对待百姓，所以如愚一样。（大智若愚）

民之难治，以其智多。

注：百姓之困难治理，就是上下皆用聪明做事，就是聪明太多了。（纯朴的天性没有流露）

故以智治国，国之贼。

注：所以用聪明奇巧之方法，要来治理国家，就是国家的盗贼。

不以智治国，国之福。

注：没有用聪明奇巧来治理国家，就是国家的福（不以智治国是用纯朴的天理良心）。

知此两者，亦稽式。

注：明白此二项，以智治国及不以智治国，就是治乱兴衰的式样。（以智治国及不以智治国所生之结果）。

常知稽式，是谓玄德。

注：自然知道二种治国的方法，就叫做玄德。

玄德深矣，远矣。

注：玄德实在太深奥了，太悠远了。

与物反矣。

注：玄德之深奥悠远，是与一般有形物质不同，而相反的（玄德是无形，物质是有形）。

乃至大顺。

注：玄德之妙，乃是最大顺其自然的法则了。

江海章第六十六

注：有如江海一样的第六十六章。

江海所以能为百谷王者。

注：江海之所以能够作为百谷之王的原因。

以其善下之。

注：就是能够善良的向下。

故能为百谷王。

注：所以能够作为百谷之王。

是以圣人欲上民，必以言下之。

注：就是圣人能被人尊敬在上，必定要低声下气的处在卑下。

欲先民，必以身后之。

注：做人要能在人之先前，必定要将身退居人后。

是以圣人处上。

注：所以圣人有就下之心，所以圣人才居在人上。

而民不重。

注：圣人居上，而百姓就不会受重大之压力。

处前而民不害。

注：圣人居在人民之前，而百姓亦不会受害。

是以天下，乐推而不厌。

注：所以天下之人很快乐的推其为圣人，而不厌恶，很喜欢的爱戴圣人。

以其不争。

注：天下之人不会与圣人争位。

故天下莫能与之争。

注：就算天下之人要与圣人争位，亦没有办法能与圣人争位（就是圣人有不争之心，是万民之爱戴所得）。

三宝章第六十七

注：有如三宝一样的第六十七章。

天下皆谓我道大，似不肖。

注：天下之人都说我的道很大，其实我并不怎么。

夫唯大，故似不肖。

注：讲到了道的大，其实道并不怎么样。（道在己而求诸远）

若肖久矣，其细也夫。

注：若自然像道之久，你就知其细微之道了（处在自然之肖，自然知道）。

我有三宝，持而保之。

注：我有三项宝贝，要保持不失。

一曰慈。

注：第一宝就是要有慈悲之心。

二曰俭。

注：第二宝就是要节俭不浪费（不把道放失）。

三曰不敢为天先。

注：第三宝就是处居人下，不敢说我比人还能干。

夫慈故能勇。

注：有慈悲之人，必定能够勇敢。

俭故能广。

注：不放失大道之人，必定能广大为道。

不敢为天下先，故能成器长。

注：低声下气之人，才能成就有用之尊长。

今舍其慈且勇。

注：现在就要放去了慈悲之心，就叫做勇敢（有慈悲而不要存慈悲之念头，因为慈悲是人的自然行为）。

舍其俭且广。

注：放去了不把道放失之心，就是广大（道本自然，何来俭之名乎）。

舍其后且先。

注：放去了在后之念头，就是在于人先。

死矣。

注：以上之几点能做到，就是死了欲念之心。

夫慈以战则胜。

注：圣人慈悲，所以战胜一切（慈悲不战而胜，慈悲是战的最好利器）。

以守则固。

注：慈悲是守护最巩固的利器。

天将救之。

注：天亦是用慈悲二字来救人的。

以慈卫之。

注：用慈悲，是人最好的护卫。

不争章第六十八

注：不必斗争的第六十八章。

善为士者不武。

注：最会争战的武士是不必用武力。

善战者不怒。

注：最会作战的战士，不会生气。

善胜敌者不与。

注：最会打胜仗于敌人者，不随便轻敌，不必强敌（知彼知己，百战百胜）。

善用人者为之下。

注：最会用人者，居处在人下。

是谓不争之德。

注：以上几点，就是不必争而胜人的德。

是谓用人之力。

注：为之下是最会用人之力量。

是谓配天，古之极。

注：这叫做配合天的道，古人的无争之极理。

用兵章第六十九

注：使用兵法的第六十九章。

用兵有言。

注：用兵之道，古人有言说。

吾不敢为主而为客。

注：我不敢主动去攻击对方，而是被动于应战。

不敢进寸而退尺。

注：我亦不敢侵占对方的一寸国土，亦不能让对方得一尺之土地，坚手一寸一尺之国土。

是谓行无行。

注：这叫做行无为之行。

攘无臂。

注：攘者以力取胜于人，臂则手臂，取胜于人而不用臂（以道莅天下，其鬼不神）。

执无兵，仍无敌。

注：取胜于人，不必固执用兵，仍然是勇无可敌也。（仁者无敌也）

祸莫大于轻敌。

注：灾厄之大，没有比轻心对敌（没有计划的出兵好战）。

轻敌则几丧吾宝。

注：轻心好战，则能丧失，吾民之财产宝物。

故抗兵相若，哀者胜矣。

注：哀者仁也，两兵相争，仁者可以胜也。

怀玉章第七十

注：心怀宝玉第七十章（怀玉则不会大意，大意其玉易碎）。

吾言甚易知，甚易行。

注：我的话非常容易知，非常的容易实行。（道在己也）

天下莫能知，莫能行。

注：却是天下之人，没能知道，没能实行（道是离言语形，凡所有相，皆是虚妄也）。

言有宗，事有君。

注：说话合宗旨，做事合原则。

夫唯无知，是以不我知。

注：讲到了无知的大道体像，那么至于没有我相，则可以知了。

知我者希，则我贵矣。

注：知道真我的人很少，就是真我太宝贵了。（贵在真我与道同体）

是以圣人被褐怀玉。

注：因为以上几点之贵，所以圣人之穿着与俗人一样，而心怀道德如玉一样的小心。

不病章第七十一

注：没有病的第七十一章。

知不知上。

注：明道之人，不露聪明之知就是上等之人。

不知知病。

注：不明大道之人，露聪明假知，就是毛病。

夫唯病病，是以不病。

注：自认为是有缺点的人，而能改掉缺点，就是没有缺点之人。
（知过能改，善莫大焉。）

圣人不病，以其病病，是以不病。

注：圣人没有缺点，就是圣人，时常在寻找缺点，改其缺点，所以没有缺点。

威章第七十二

注：畏怕威严的第七十二章。

民不畏威，则大威至。

注：人若不怕天之大威严(天道)，则人就会做出权威出来。

无狭其所居。

注：所居住是很狭窄的地方亦不厌恶（在陋巷、人不堪其忧，回也不改其乐）。

无厌其所生。

注：不讨厌其困苦生活（饭疏食饮水，曲肱而枕之，乐亦在其中矣）。

夫唯不厌，是以不厌。

注：在上位之人不厌其朴素生活，而在下之民，亦随之不厌恶朴素生活了。

是以圣人自知不自见。

注：所以圣人自己彻通真理，而不自固执己见。

自爱不自贵。

注：圣人自己能珍惜自己，而不尊贵自己(是法平等，无有高下贵贱)。

故去彼取此。

注：圣人去却了不好的，取用了好的。

天网章第七十三

注：天好像一张网子的第七十三章。

勇于敢则杀。

注：有勇而不柔弱之人(敢)，虽然逞强，则容易被杀害。

勇于不敢则活。

注：有勇而柔弱之人，则会活着。

此两者或利或害。

注：此两乃承上二句之勇于敢，与勇于不敢，都有好处，及有坏处。

天之所恶，孰知其故，是以圣人犹难之。

注：天理之所不容的，谁能知其原因，所以圣人对此事仍觉有些困难不易也。

天之道，不争而善胜。

注：上天的道，不必争取而能很容易的得到胜利（天道就是以天理行事）。

不言而善应。

注：用天之道，不必大声疾呼，则能容易得到响应。（大音希声）

不召而自来。

注：用天之道，不必召唤而自己会来。（万物俱有故曰自来）

绰然而善谋。

注：不必思虑，自自然然的，能有善美的设计。

天网恢恢，疏而不失。

注：天很大看来没有什么，好似一个可以漏失之疏网子，却是一点儿也不会漏掉。

司杀章第七十四

注：司掌杀戮的第七十四章

民不畏死，奈何以死惧之。

注：世人只求物质享受，难道不怕死吗？为何世人都那么怕死。

若使人常畏死。

注：若要使人怕死。

而为奇者，吾得执而杀之，孰敢。

注：而为非做歹的人，我若可以执法杀掉他，还有谁敢犯法呢？

常有司杀者杀。

注：一向犯法而该要杀之人，都有杀掉他。

而代司杀者杀。

注：而代执法之司杀的人。

是谓代大匠斲。

注：这叫做去代替有技工之人去砍木头一样。

夫代大匠斲者，稀有不伤其手矣。

注：凡是代理去斲木头的人，很少不伤到自己的手（无道之统治者则用司杀）。

贵生章第七十五

注：重有道德生存之人的第七十五章。

民之饥，以其上食税之多，是以饥。

注：百姓会饥饿，是因为在上之当政者，吃税太多了，因为民纳了重税，所以饥饿了。

民之难治，以其上之有为，是以难治。

注：百姓之困难治理，是因为在上的当政者的为己太多，所以百姓才困难治理。（重己必轻人）

民之轻死，以其上求生之厚，是以轻死。

注：百姓之不怕死，就是在上的当政者俸禄太奢侈，太享受了，民不聊生，所以百姓才不怕死。

夫唯无以生为者，是贤于贵生。

注：讲到了百姓之生存，在上的当政者，能无奢侈享受者，这才是聪明而存有道德的生存了。

柔弱章第七十六

注：柔脆软弱的第七十六章。

人之生也柔弱。

注：人会活着，就是身体四肢有柔软。

其死也坚强。

注：人到了死亡以后，身体就变成僵硬了。

万物草木之生也柔脆。

注：万物以及草木等等，会活着之原因，就是它有柔软的体质。

其死也枯槁。

注：万物草木会死，就是它的枝干等等，已经变质，而枯干了。

故坚强者死之徒。

注：所以过于坚强之个性的人，就是走向死亡的人。

柔弱者生之徒。

注：所以个性柔弱的人就是能生存的人。

是以兵强则不胜。

注：所以用兵过强，反而不会胜利。

木强则共。

注：木过强硬则容易断掉。

强大处下。

注：强大之个性，想要居人上，反过来就败在人下。

柔弱处上。

注：柔弱自守之人，反过来就高居在上。

天道章第七十七

注：用天之道的第七十七章。

天之道，其犹张弓乎。

注：要合乎天道，就像要开弓射箭一样。

高者仰之。

注：开弓射箭，描了过高，就要调下一点。

下者举之。

注：描了过下，就要举上一点。

有余者损之。

注：太过了就损掉太过不好的地方。

不足者补之。

注：不足的地方，就要填补起来。

天之道，损有余而补不足。

注：上天的道就是要损掉过多没用的，而补充不足而有用的。

人之道，则不然，损不足而奉有余。

注：人的道就不一样了，把好的更损掉它，把不好的更加填加起来。

孰能以有余奉天下，惟有道者。

注：谁能将有余的好处拿到利益天下人群来，只有道了。

是以圣人为而不恃。

注：就是圣人之做事，做成了亦不居功。

功成而不处。

注：圣人大功告成，亦不想居位享受。

不欲见贤。

注：圣人没有欲念，所以才能见到贤明之处。

水德章第七十八

注：似水一样的德的第七十八章。

天下柔弱，莫过乎水。

注：天下之柔弱，没有比水更柔弱了。

而攻坚强者，莫之能胜。

注：水虽弱而坚强，天下也没有胜过水之坚强的了。

其无以易之。

注：所以天下没有一项东西可以替换他。

故柔胜刚，弱胜强。

注：所以水之柔可以胜过刚愎，水的弱可以胜过强硬。

天下莫不知，莫能行。

注：天下之人没有一个人不知道此道理，而天下之人没有一个人能行
此道理。

是以圣人云：受国之垢，是谓社稷主。

注：所以圣人说，凡是能为国家，甘受污辱之人，才是真正社稷的主
人。（柔弱之表现）

受国不祥，是谓天下王。

注：能为国家承受祸患之人，才可配称为天下之尊王。（柔弱之表现）

正言若反。

注：正道真理，好似与理相反似的。

易道管理

左契章第七十九

注：左边契约的第七十九章。

和大怨，必有余怨。

注：怨恨了，再和解，必定再有余下来的怨恨。 （不如不怒，自无怨）

安可以为善。

注：既有余怨，怎可为善呢？

是以圣人执左契，而不责于人。

注：所以圣人执持左契，而不去责备于人。 （左契是善约）

故有德司契，无德司彻。

注：有德之人就履行契约，没有德之人用契约来使人就范。

天道无亲，常与善人。

注：天道是没有亲疏的，就是辅护善良之人。

不徙章第八十

注：不远徙的第八十章。

小国寡民。

注：小的国家，就是百姓较少。

使有什伯之器而不用。

注：假使小国有了很多兵器，仍是不必用的。

使民重死，而不远徙。

注：要使民了解死的重要真谛，那就不必远途行徙了。

虽有舟车，无所乘之。

注：虽然有舟有车，也不必去远徙了。

虽有甲兵，无所陈之。

注：虽然有武装的士兵，也不必去对阵用兵了。

使民复结绳而用之。

注：民以复古道，到无文字的时代了。 （古人无文字用结绳）

甘其食，美其服，安其居，乐其俗。

注：百姓朴实了，粗食亦甘，布衣亦美，陋居亦安，虽俗亦乐。 （知足常乐）

邻国相望。

注：邻国互相观摩而不斗争。

鸡犬之声相闻。

注：鸡鸣犬吠亦互相可闻到的。

民之老死，不相往来。

注：百姓至于老了一生没有不往来的。（大同世界）

不积章第八十一

注：没有压积的第八十一章。（离相即不积）

信言不美。

注：有信实的话不好听。

美言不信。

注：好听的话，不信实。

善者不辩。

注：好的不必辩解。（水清鱼现）

辩者不善。

注：用辩解取信于人者必是不好的。

知者不博。

注：知道之人不会自夸。

博者不知。

注：自夸之人就是不知道。

圣人不积。

注：圣人不积压。（不积则心如虚空）

既以为人，己愈有。

注：以己之所有为人，而己亦愈有。

既以与人，己愈多。

注：以己之所有给人，而己愈进步。

天之道，利而不害。

注：上天的道是有利益的，而不会伤害的。

圣人之道，为而不争。

注：圣人的道，是为人而不与人争。

三、《易道真言》

述任数字真言

一个身体：要有一个好身体。身体是1，其他都是0。

二个知性：知识，智慧。

知识：要快速地学习新知识，厚积薄发。

智慧：要勤于思考，通达你的智慧。

三层境界：千江有水千江月，万里无云万里天。

寻常一样窗前月，才有梅花便不同。

无一物中无尽藏，有花有月有楼台。

四个心：爱心，信心，责任心，喜悦心。

爱心：爱你身边所有的人，喜欢你正在做的所有事。

信心：信心决定你的决心，只要怀着志在必得的信心，你就会寻找到成功的方法。

责任心：对自己要自律，对他人要负责。

喜悦心：紫气东来，平安喜悦。

五条经验：

1. 思想决定人生。

2. 性格决定命运。

3. 能力是立业的本领。

4. 素质是一个人的人格魅力。

5. 还要有坚强的意志力，或参禅，修艺，都会给我们走向成功增加能量。

六个我愿：

1. 我愿工作为健康身体。

2. 我愿财富为心灵富有。

3. 我愿家庭为和谐成长。

4. 我愿人际为和乐相处。

5. 不管明日如何，今夜清风明月下，我仍愿在心中种满莲花。

6. 莫忧我花几时开，回首快将己花植！

六问（清晨六问）：

1. 我今天的目标是什么？

2. 我的核心大目标是什么？

3. 我今天最重要的三件事是什么？

4. 我今天准备学到哪些新东西？

5. 我今天准备哪些方面进步一点点？

6. 我今天如何更快乐一些？

六思（静夜六思）：

1. 我今天是否完成了小目标？

2. 我今天是否更接近了大目标？

3. 我今天又学到了些什么？

4. 我今天在哪些方面还做得不够好？

5. 我如何才能做得更好？

6. 我明天的目标是什么？

七个习惯和七项修炼：

七个习惯： （一）积极处世

　　　　　 （二）先定目标后再行动

　　　　　 （三）重要的事情要先做

　　　　　 （四）多赢的想法

　　　　　 （五）先理解别人，再争取别人理解自己

　　　　　 （六）协作增效

　　　　　 （七）磨刀不误砍柴工

七项修炼： （一）Belief——信念

　　　　　 （二）Action——行动

　　　　　 （三）Love——关爱

　　　　　 （四）Always——始终如一

　　　　　 （五）Nature——自然和谐

　　　　　 （六）Control——自律

　　　　　 （七）Efficiency——高效率

八字目标： 导入，创造，掌握，享受。

　　　　　 导入——正确的超前思想

　　　　　 创造——传奇的核心技术

　　　　　 掌握——非凡的策划管理

附

录

享受——喜悦的多赢人生

九大步骤：

1. 决定要成功。

2. 写下已量化的目标。并列出10个以上为何要实现它的理由。

3. 用多杈树制订计划，分解目标，倒推至今天。拟定计划，设定时间表。

4. 列出所有必要条件及充分条件，注明解决方法。

5. 告诉自己要实现什么样的目标，自己就必须变成什么样的人。

6. 运用潜意识的力量，正面自我暗示，永远积极思考。

7. 行动第一，立即行动，大量行动，开始忙起来。每一分，每一秒做最有生产力的事情。

8. 每天睡觉前做自我检讨，衡量进度，做积极修正。

9. 坚持到底，永不放弃，直至成功。

十字真言： 历炼，入道，入佛，入魔，真我。

历炼：历，为经历，用脚去走；炼，为修炼，用心去修。

入道：道为法门，干什么有干什么的门道。

入佛：佛是觉悟。佛即是我，我即是佛。自己要自由快乐。

入魔：魔者，迷也。是入迷，着迷研究，但不能走火入魔。

真我：真心的自己。守真抱一，真气自凝，阳神自聚。

十一个相信（名人轩宣言）：

1. 我相信我自己，有超人的能力！

2. 我相信我的公司定会神奇的发展！

3. 我相信我的团队是铁甲金刚，坚而不摧！

4. 我相信我的朋友总是好运相助，锦上添花！

5. 我相信我的家庭和谐成长，幸福美满！

6. 我相信我的身体可吸收天地精华，能释放宇宙巨能！

7. 我相信我的生活，绚丽多彩，如意吉祥！

8. 我相信我的工作，总能创意创新，不战而胜！

9. 我相信我的学习，过目成诵，令世人称奇！

10. 我相信我的思想总是哲思博想，传奇传神！

11. 我相信我的世界总是平安顺利，喜悦美好！

十二养生： 多读书以养胆气

少忧虑以养心气

诫发怒以养肝气

薄滋味以养胃气

惟谨慎以养神气

顺时令以养元气

须慷慨以养浩气

胸豁达以养正气

傲冰霜以养骨气

当忍让以养和气

应谦恭以养锐气

莫怠懈以养志气

十三句说过的话：

1. 交几位有情有义之友，做几件有惊有喜之事。

2. 春有百花秋有月，夏有凉风冬有雪，若无闲事挂心头，便是人间好时节。

3. 繁华落尽见真淳，平平淡淡才是真。

4. 什么是神？神就是改变了的人。

5. 改变从心开始。

6. 度你的佛是你自己。

7. 不顺、失败一定有原因，成名成功一定有方法。

8. 正确的思维方式、坚定的信念、积极的态度、高强度的自我暗示、良好的行为习惯是每一个成名成功者必备的软件。

9. 智慧是您耕耘的犁。

10. 信念、目标、潜能、行动是新人生八字。

11. 知识=财富，知识=资本，知识=经济！

12. 述世纪之任，做文化和经济的引航者！

13. 迎向未来！

十四个信念：

1. 我是最棒的，我一定会成功！

2. 我是一切的根源。

3. 我是我认为的我。

4. 成功是因为态度。

5. 过去不等于未来。

6. 人，因梦想而伟大。

附

录

7. 不是不可能，只是暂时没有找到办法。

8. 成功一定有方法。

9. 成功者找方法，失败者找借口。

10. 天助努力者，度救靠自人。

11. 决心决定成功。

12. 山不过来，我就过去。

13. 没有失败，只是暂时没有成功。

14. 坚持到底，永不放弃。

十五个一点点：

1. 每天再学习一点点。

2. 每天再工作一点点。

3. 每天再认真一点点。

4. 每天再创新一点点。

5. 每天再进步一点点。

6. 每天再成功一点点。

7. 每天再创利一点点。

8. 每天再节约一点点。

9. 每天再快乐一点点。

10. 每天再勤奋一点点。

11. 每天再努力一点点。

12. 每天再提前一点点。

13. 每天再耐心一点点。

14. 每天再行善一点点。

15. 每天再整洁一点点。

醒酒真言：

饮酒，可助兴，亦可乱性。

少饮则喜：

一喜：温馨快乐；

二喜：热烈气氛；

三喜：心满意足；

四喜：吉祥如意。

多饮则醉：

一醉：口无遮拦，胡说八道，此为畜生；

二醉：不能自制，贪杯狂言，此为饿鬼；

三醉：如泥如鬼，呕吐昏死，此为地狱。

醉后则悔：

一悔：行为不轨，如蠢猪；

二悔：出语狂吠，如疯狗；

三悔：伤及体肤，如死尸；

四悔：名誉扫地，如落叶；

五悔：言行不一，不能自律；

六悔：人格缺欠，不能立德。

醒酒真言：

吾今立言，少饮助兴，不可多饮乱性！

劝吾友与吾同鉴！

吃喝玩乐真言：

吃喝玩乐，人人向往，追求各有不同，可今分为两种吃喝玩乐。一曰：外象，称：外求吃喝玩乐。二曰：内象，称：内求吃喝玩乐。

外象吃喝玩乐：

（一）吃：吃山珍海味，讲究排场。

（二）喝：喝酒必醉，醉后必悔。

（三）玩：玩物丧志，声色歌舞。

（四）乐：乐极生悲，悲痛欲绝。

内象吃喝玩乐：

（一）吃：吃萝卜白菜，薄滋味以养胃气。

（二）喝：喝茶洗心，和敬清寂养心气。

（三）玩：玩山游水，吸天地精华养灵气。

（四）乐：乐琴棋书画，厚德载物养雅气。

此外象，内象，君子可自择之。

述任真言之"十大给什么"：

1. 给孩子什么？

正确的理念、超前的思想、良好的习惯、智慧的性格、学习的自信、

大成的人才、刻苦的创业、传奇的财富。

2. 给妻子（丈夫）什么？

真爱、平安、喜悦、和谐、成长、互助、鼓励、幸福。

3. 给家什么？

团结、和睦、兴旺、发达。

4. 给员工什么？

正确的理念、发展的机会、成长的快乐、喜悦的财富。

5. 给朋友什么？

真诚的友谊、合作的机会、共同的志趣、互动的永恒。

6. 给社会什么？

智慧的思想、核心的理论、心灵的财富、传奇的世纪。

7. 给国家的什么？

公民的义务。

8. 给家乡什么？

眷恋的回报。

9. 给历史什么？

传奇的任务、传奇的故事、传奇的财富。

10. 给未来什么？

创新的思维、创新的事迹、创新的财富。

述任真言之每天心灵十大执行：

1. 每天早上进行"自我激励"确认。

2. 每天晚上设计第二天的行动计划。

3. 每天早上复习一下前一天晚上的计划和目标。

4. 每天不管发生任何事情，你都应该去看到有益的一面。

5. 每天话语不能出现负面词汇的感觉。

6. 每天首先做最有生产力的事。

7. 每天主动做意见不为别人知道的好事。

8. 每天主动与每个人问好。

9. 每天学习一个小时以上。

10. 每天反省并做出改进承诺，记在日记本上签名。

后　记

易道管理　智达天下

张述任

　　我国正在建设一个创新型国家、创新型社会，大力提倡文化创意产业。国学文化也属于文化创意产业之一，所以我的《易道管理》就应运而生了，意在达到易道管理，智达天下。

　　《易道管理》的写作至今已经历时16个年头了，我深入研究《易经》、《道德经》，多处探索，数易其稿，意在增加一些新的思维和新的案例，以感谢多年来诸多读者的厚爱。大言希声，每一次的创意都让我有一种战战兢兢，如履薄冰的感觉，深感重任在肩。

　　中国的传统文化，源远流长，历经五千年，伴随着中华民族创造了无数个辉煌。易道文化作为中华的国粹，记载了多少风流人物、多少朝代的更迭。

　　这十几年来我潜心研读了一些儒、释、道、纵横论等中国传统文化经典，意在提高自己的文化素养，与时俱进，即继承了中华太古思维，又将《易经》、《道德经》与现代管理学理论结合，创意出了易道管理与现代企业管理的结合。并在这次创意中将它浓缩成精品创意案例奉献给大家。

　　书中将《易经》、《道德经》的原理浓缩成金口诀，供大家学习。在这里您即可以看到个人修身、养性、齐家、治国、平天下的宏愿；又可以看到企业德治、法治、中正、仁义的战略风采，尽收眼底。此书的出版必将为芸芸众生点燃生活希望，为中国企业管理走向世界推波助澜。路漫漫其修远兮，吾将上下而求索！

　　让我们打开易道的思维大门：

　　鲁迅说：不读道德经，不懂中国文化，不知人生真谛！

　　胡适说：我小时候就背会了道德经，至今仍在不断研习。

　　托尔斯泰说：孔子对我的影响很大，老子对我的影响巨大。

　　美国总统里根拜老子为师：

　　1980年里根（Reagan, Ronald）当选为美国第四十位总统，宣布"道学原理"为主导思想。行之两年，美国复兴。赢得"美国最敬爱的总统"之名……

　　企业家如果将《道德经》的智慧，如致虚守静、涤除玄鉴、祸福倚伏等灌溉心田，那么人生一定成功；如果将无为而治、有无相生、自然而然、治大国若烹小鲜等演绎至企业管理，那么企业经营也一定会成功。

　　《道德经》的智慧可以使企业家涤除喧嚣的尘埃、恢复清脱和空明、拓展心灵的新空间、积蓄生命的新能量，让生命律动和谐、事业脉动有序、灵性焕发地升华人生，并提升企业管理的境界。

　　关于我的述任正名所已经16岁了，历经了从创立、创建，到创新、创优，也成为了社会取名行业的品牌，不但具有了自己独特、成熟的取名理论并致力于品牌命名人才的培养。工作室从提出四字名解决重名问题到现在得到社会的广泛认可，倍感欣慰。作为理论专著，是非各有见地，恳请业内同仁及志士多提宝贵意见，共同探讨、研究名称文化，让中国的易道文化园地百花齐放，万紫千红。

　　本书在修订过程中得到很多方面的关怀，在此谨向我的家人致意！向工作室的伙伴们：李敬之、冷萱、辛淑敏、张怡鹤致意！向我的朋友们：唐明邦、李践、亢亮、曾来德、刘墨、翟鸿燊、马驰、柴中建等致意！还有本书的编辑老师二十余次的校对，其严谨求实的工作作风，令我心生敬意，再次感谢！

　　唐·拾得禅师句：

　　无去无来本湛然，

　　不居内外及中间。

　　一颗水精洁暇翳，

　　光明透出满人间。

　　让我们以正治国，以奇出兵，以易道达天下！

张述任

2007年9月21日于北京名人轩